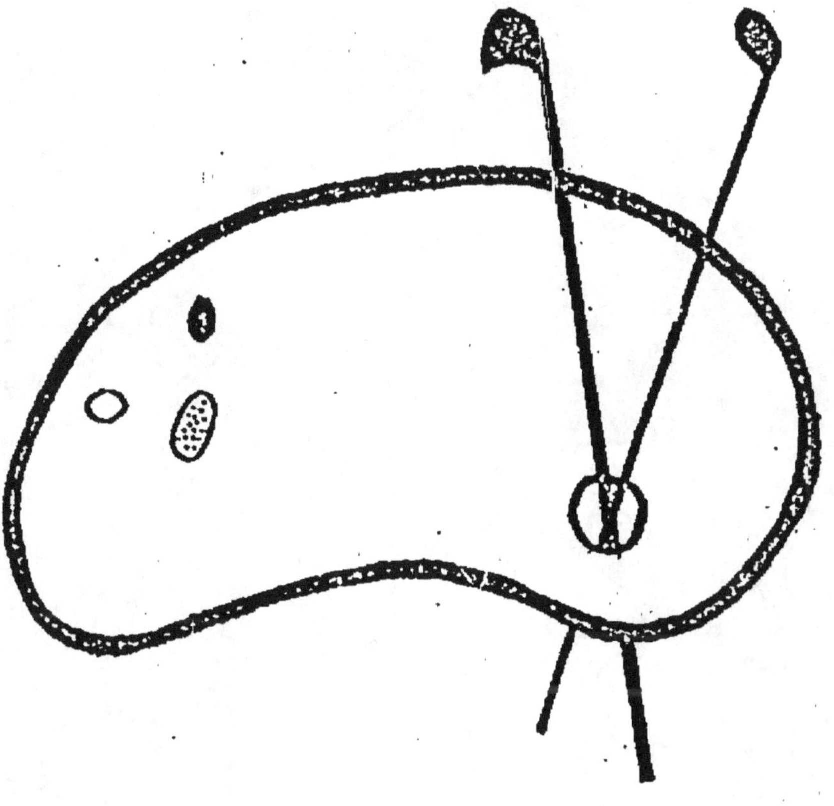

AF542062

COUVERTURE SUPERIEURE ET INFERIEURE
EN COULEUR

8° M
18607

ANNE [illegible]

L'AL[illegible]GNE NOUS [illegible]ACH[illegible]

"É[illegible]TIONS [illegible] LI[illegible]RAI[illegible]

[illegible] SEINE [illegible]

[illegible] PARIS

VIENT DE PARAITRE

52e ÉDITION

TRADUIT DE L'ALLEMAND

LE PARTAGE DE LA FRANCE

CE QU'ON VERRA UN JOUR

A tous les Français, pour qu'ils se pénètrent de la gravité de l'heure présente, est dédiée cette traduction où s'étale, sans pudeur, le rêve du pangermanisme qui nous guette.

F. F. F.

Un Volume in-12 — Prix : 1 fr. 50

(Envoi franco contre 1 fr. 65 adressé aux Editeurs)

ÉDITIONS ET "LIBRAIRIE", 40, Rue de Seine, PARIS

L'ALLEMAGNE
QU'ON NOUS CACHE

8° M
18607

EN VENTE A LA MÊME LIBRAIRIE

F.-F. Français.
Le Partage de la France (53e édition) 1.50

Henry-Gaston.
Où va l'Allemagne ? 2.50

Gaston Phelip.
Voix d'Alsace et de Lorraine, 1 vol 2.75
(Couverture en couleurs de Hansi).

P. Pilant.
Le Péril Allemand 3.50

H. Valade.
L'Armée coloniale dans une Guerre franco-allemande 1.50

***
Les Ailes de la Victoire, 1 vol. ill 3.50

H. Tridon.
Comment la France perdra ses colonies 2.50

D'Arman et Général Pau.
L'Armée Française en face de l'Armée Allemande 1.50

P. Garroza.
Les Armements et la Dépopulation 0.95

C[t] de Civrieux.
La Bataille du Champ des Bouleaux 1.50
(3e édition).

Envoi franco sur demande accompagnée du montant

Jeanne et Frédéric RÉGAMEY

L'Allemagne qu'on nous cache

" ÉDITIONS ET LIBRAIRIE "
40, rue de Seine
PARIS

PRÉFACE

Paysans, ouvriers, c'est vous surtout que nos paroles voudraient émouvoir. Nous voudrions vous montrer combien sont mensongères certaines théories humanitaristes dont on vous berne depuis longtemps.

Pour vous cacher la vérité, les internationalistes profitent de ce qu'il vous est impossible de connaître au juste ce qui se passe loin de votre champ ou de votre atelier. Ils vous trompent en vous disant qu'il est indifférent pour les travailleurs d'être conquis et gouvernés par un peuple étranger. Ils veulent vous faire croire que vous ne perdriez rien à être courbés sous le poing allemand.

Si les lamentations de tous les peuples tyrannisées par l'Allemagne parvenaient jusqu'à vous, vous verriez que ce sont précisément les ouvriers et les paysans qui souffrent le plus en Pologne, dans les provinces danoises, en Bohême, en Alsace-Lorraine.

Les internationalistes mentent encore quand ils prétendent qu'il y a deux Allemagnes : l'une criminelle, ils le concèdent, mais l'autre honnête, bonne, juste, notre meilleure et plus sûre amie.

Ils se servent des récents scandales de Saverne pour affirmer que c'est une seule de ces Allemagnes-là qui a commis toutes les abominations dont le monde s'indigne, tandis que l'autre, la vraie, proteste contre les mauvais traitements dont les Alsaciens-Lorrains sont accablés.

Cette division dont on essaie de tirer parti est purement apparente. Au fond, tous les Allemands sont d'accord. Aucun d'eux ne voudrait rendre la liberté, l'indépendance aux peuples qu'ils ont conquis. Au contraire, tous veulent ajouter de nouveaux conquis aux anciens. Tous veulent rendre l'Allemagne plus grande, plus puissante, afin d'avoir plus de pays à exploiter, car depuis leurs triomphes et leur enrichissement, leurs besoins se sont accrus, et ils veulent s'enrichir toujours davantage.

On vous trompe sur la véritable nature des querelles qui divisent l'Allemagne. Il s'agit simplement de basses jalousies de partis. La bourgeoisie et le peuple allemands veulent avoir leur part du gouvernement accaparé jusqu'ici par l'aristocratie civile et militaire. S'ils triomphent, les asservis ne seront pas mieux traités, car il est dans la nature humaine que les conquérants soient toujours hantés par la crainte de voir leurs conquis essayer de s'affranchir. Quant à ceux-ci, toujours ils appelèrent dans leurs rêves l'heure de la délivrance; toujours ils profitèrent de la décadence, de l'affaiblissement ou d'une catastrophe de leurs vainqueurs pour rompre leurs liens, fussent-ils vieux de plusieurs siècles. Voyez ce que viennent de faire les peuples des Balkans, sous le joug turc depuis quatre siècles.

Les Allemands, qui se croient d'une race supérieure au reste de l'humanité, s'imaginent qu'ils feront exception à cette règle immuable, et resteront éternellement « le peuple de maîtres » qu'ils affirment être. Parmi eux, les partis bourgeois et démocratiques qu'on nous représente composés de braves gens, prétendent qu'ils seront encore plus habiles que le parti jusqu'ici dirigeant des hobereaux ou propriétaires nobles. Ils veulent faire la même chose, mais mieux ; ils ont le même but, mais diffèrent sur les procédés ; ils veulent, eux aussi, exploiter les peuples non allemands, mais avec certains ménagements hypocrites dans la forme. Enfin, suivant une locution populaire, ils se croient seuls capables de plumer la poule sans la faire crier.

Pour nous, Français, le résultat sera le même, car un peuple n'a jamais trouvé le bonheur dans la servitude.

Il faut en finir avec l'oppression allemande. Certes, nous ne voulons pas supprimer l'Allemagne ; on ne supprime pas un peuple. Mais nous voulons lui faire rendre ce qu'elle a volé, l'obliger à rentrer dans ses limites naturelles. Alors seulement l'Europe sera pacifiée et chaque nation pourra, tranquille dans ses frontières, travailler aux réformes qu'elle juge nécessaires à son existence.

Auparavant, un devoir s'impose à notre courage, un seul : nous préparer virilement pour la lutte suprême et inévitable.

Pour cela, il faut que nous apprenions à connaître véritablement notre ennemi, celui qu'on nous cache. Plusieurs de ses masques vertueux lui ont déjà été arrachés, au grand scandale de nos pacifistes. Il faut achever cette besogne. Déjà, les Allemands avouent qu'ils sont enfermés dans un cercle de haine. Il faut le renforcer d'un cercle d'horreur et de mépris.

Il faut enfin qu'il soit bien établi pour tout le monde que les Allemands forment une nation scientifiquement organisée pour le brigandage à main armée et pour la destruction méthodique et administrative de leurs conquis.

L'ALLEMAGNE QU'ON NOUS CACHE

CHAPITRE I

Qu'est-ce que le Pangermanisme ?

Personne en France n'ignore plus aujourd'hui le pangermanisme ni surtout les pangermanistes. A plusieurs reprises, ces dernières années, ils ont assez bruyamment manifesté leur existence pour qu'il ne soit plus possible de les nier.

Mais il est encore beaucoup de gens qui croient de bonne foi que les pangermanistes ne sont qu'une poignée d'énergumènes plus ou moins atteints de la folie des grandeurs et qui, individualités sans mandat, n'exercent aucune influence sur la politique allemande.

La réalité est toute différente de ce que ces optimistes inconscients voudraient persuader à eux-mêmes et aux autres. Elle est surtout bien différente de ce que nous disent nos cosmopolites, agents de l'Allemagne.

Née de l'orgueil qu'excitèrent chez les Allemands leurs conquêtes de 1870 et la fondation de leur empire, l'idée pangermaniste exista plusieurs années à l'état latent. Quelques patriotes essayèrent de lui donner une forme plus concrète. L'Allemand, affirment-ils, est trop facilement satisfait de ce qu'il a obtenu ; il s'endort sur ses lauriers. Tous les grands faits de son histoire sont suivis d'une période de marasme et d'inaction.

Les deux provinces conquises en 1870, les cinq milliards, l'essor industriel et commercial qui suivit, l'aisance et la puissance soudain acquises lui suffirent d'abord.

Mais ses gouvernants avaient de tout autres visées. Ils songeaient à l'avenir, aux conquêtes futures, et ils étaient compris par une petite minorité. Minorité puissante, car elle représentait l'Allemagne traditionnelle et intellectuelle. Certaines minorités mènent les peuples, comme la locomotive mène le train.

Elle se recrutait parmi les professeurs d'Universités, les écrivains, les savants. Déjà, il se trouvait des hommes pour dire avec le géographe Theobald Fischer, de Marbourg, que l'empire allemand, dans sa forme actuelle, est « une éphémère » (eine Eintagsfliege). Ils n'y voyaient que la première étape vers un but formidable. Ils songeaient à grouper les millions d'êtres qui, en dehors des frontières d'aujourd'hui, parlent allemand, ou presque, en Autriche, en Suisse, en Hollande, en Belgique (les Flamands).

Ils songeaient encore à tirer parti de ces autres millions d'émigrés allemands qui, pendant tout le XIXe siècle, s'étaient établis un peu partout : en Russie, en Asie-Mineure, aux Etats-Unis, au Brésil et dans l'Argentine, enfin dans l'Afrique australe (les Boers). Tous ces émigrés, quelle que fût la date de leur émigration, devaient redevenir Allemands, même s'ils avaient été assimilés.

Allant plus loin encore, ils remontaient dans les brumes préhistoriques et attribuaient une origine plus ou moins germanique à la plupart des nations. A en croire, par exemple, le professeur von Pfister, le tiers de la France au moins serait allemand, tels la Bourgogne, la Champagne, la Lorraine, le Languedoc, la Provence et en général, toute la vallée du Rhône et de la Saône (1). Les titres de propriété que font valoir les Allemands datent du Ve siècle, époque de la conquête de la Gaule par les Germains.

Partant de ce principe émis par le Dr Lehr dans une con-

Voir les notes à la fin de chaque chapitre.

férence maintes fois répétée devant des auditoires divers, que « l'avenir appartient aux grandes masses », ils proclamèrent la nécessité de faire du peuple allemand une sorte de boule de neige qui accrocherait peu à peu toute la neige allemande, si l'on peut ainsi parler, éparse autour d'elle, de manière à former une avalanche monstrueuse que l'on pût, le cas échéant, précipiter contre les « masses » ennemies. La masse Germanique, seule véritable puissance morale et intellectuelle, ayant aussi la force, doit imposer son autorité.

« Les Français, disait M. Lehr, ne sont pas à prendre en considération. De l'aveu de leurs propres savants, ils ont peu de chances de durer dans leur importance actuelle, parce que la nation n'augmente pas. En 1700, les Français formaient encore 37 o/o de la population totale des Etats européens d'alors ; aujourd'hui, ils n'en sont plus que 13 o/o. Il n'y aura donc en face de nous qu'une masse anglo-saxonne et une masse russe. » Cela explique le besoin impérieux qu'a le germanisme d'empêcher la France de reprendre son rang dans le monde.

D'UNE STATISTIQUE ALLEMANDE QUE NOUS DONNONS POUR CE QUE VALENT LES STATISTIQUES DANS CET ORDRE D'IDÉES, RÉSULTE LE TABLEAU SUIVANT MONTRANT EN L'AN 2000, LES PROGRÈS FAITS DANS LE MONDE PAR LES LANGUES ALLEMANDE, FRANÇAISE, ANGLAISE ET RUSSE.

La langue allemande était parlée en :	La langue française était parlée en :	La langue anglaise était parlée en :	La langue russe était parlée en :
l'an 1600 par 15 millions,	l'an 1600 par 14 millions,	l'an 1600 par 6 millions,	l'an 1600 par 7 millions,
en 1900 par 83 millions.	en 1900 par 53 millions.	en 1900 par 120 millions.	en 1900 par 120 millions.
Sera parlée en :	Sera parlée en :	Sera parlée en :	Sera parlée en :
l'an 2000 par 248 millions.	l'an 2000 par 91 millions.	l'an 2000 par 430 millions.	l'an 2000 par 203 millions.

Il est aisé de deviner la suite du raisonnement. Pour pouvoir lutter contre les Anglo-Saxons et les Russes, il importe que d'ici à la fin du XXe siècle, la « masse » allemande se soit accrue de tous les éléments « parents de race » (stammverwandt), et ait récupéré les forces perdues par l'émigration.

La France et tous les autres petits peuples devront être soumis ou détruits avant d'entamer la lutte suprême.

Ces hommes d'avant-garde dont la vue portait si loin, eurent peine d'abord à se faire entendre de la nation allemande repue et satisfaite. Une « Association générale allemande », fondée en 1886 par le Dr Peters, n'eut qu'une existence éphémère et disparut quand son promoteur retourna en Afrique.

Mais lorsqu'en 1890, après la chute de Bismarck, le nouveau chancelier, M. de Caprivi, montra une attitude hésitante dans les questions coloniales, le groupe des intellectuels, qui, au rebours de ce qui se passe chez nous, sont les plus ardents chauvins, reconnut la nécessité « d'observer attentivement l'attitude du gouvernement dans toutes les questions coloniales et nationales, mais aussi sur le terrain de la politique étrangère, et de *l'influencer*, le cas échéant, dans le sens national ». C'est cette « influence » du pangermanisme sur le gouvernement allemand, que nos intellectuels ont ordre de cacher.

L' « Association générale allemande » (Allgemeiner deutscher Verband) fut donc refondée à nouveau sur une autre base en 1891. La cotisation minime d'un mark (1 fr. 25) par an permit de recruter en peu de temps 21.000 membres.

Mais ce fut encore un faux départ. Des difficultés de législation qui, en certains pays d'Allemagne, ne permirent pas de fonder des groupes locaux, notamment en Saxe, des divergences au sein du comité, l'insuffisance des liens entre les membres de la Société, amenèrent en peu de temps 5.000 démissions, tandis que la situation financière était gravement compromise. Echecs insignifiants. L'œuvre était trop allemande, dans le sens profond du mot, pour ne pas être assurée du succès.

Le président, M. von der Heydt, se retira et fut remplacé par le Dr Ernst Hasse, professeur à l'Université de Leipzig, puis député au Reichstag. Il comprit aussitôt que le seul moyen de maintenir la cohésion de la Société et « d'influencer l'opinion publique de façon durable », était de créer un journal hebdomadaire. Le 1er janvier 1894 parurent donc les *Alldeutsche Blaetter* (Feuilles pangermanistes) qui devinrent l'organe officiel de la Société. Le premier directeur en fut M. Adolf Lehr que nous avons cité précédemment. Il fut remplacé plus tard par M. Paul Samassa. En 1894 également, le nom de la Ligue fut changé en celui d'*Alldeutscher Verband* (Association pangermaniste), et des statuts nouveaux furent mis en vigueur.

Le puissant instrument de conquête avait trouvé sa forme définitive, et M. Hugo Grell, dans une brochure intitulée : *Der Alldeutsche Verband* (Munich, 1898), parlant au nom de la Société, va nous donner des renseignements certains, officiels, sur le but, le rôle de la Ligue, ses efforts, ses projets et les résultats déjà obtenus en 1898, date de sa publication. D'autres documents, aussi indiscutables, nous serviront pour les années suivantes.

M. Hugo Grell nous montre d'abord la Société regagnant en peu de mois 5.600 membres, répartis en 27 groupes locaux et les *Feuilles pangermanistes* comptant 2.200 abonnés. En 1898, ces chiffres augmentent de la façon suivante : membres 15.179, groupes locaux 111 dont 29 hors d'Allemagne, abonnés aux Feuilles 5.974.

Bismarck avait pu disparaître. Son esprit et ses haines survivaient. Sa succession était en bonnes mains.

Le but et le sens de l'Association se trouvent résumés dans le mot du Grand Electeur qu'elle prend pour épigraphe de ses publications : « Rappelle-toi que tu es un Allemand » (Gedenke dass du ein Deutscher bist). L'appel lancé par le comité le développe et le précise.

Après avoir déploré l'engourdissement succédant au puissant enthousiasme de 1870, les dissentiments des partis et l'indifférence de la grande masse, s'endormant dans une satisfaction facile, le rédacteur de l'appel traduit ainsi la conduite à tenir :

« Nous devons rendre plus profond le sentiment national et convaincre les masses de notre peuple que le développement allemand est loin d'avoir été atteint en 1870-1871. Nous ne devons pas oublier qu'en dehors aussi des poteaux frontière noir-blanc-rouge, demeurent des millions de compatriotes allemands, que le peuple allemand, non moins que d'autres peuples civilisés, a le droit et le devoir de prendre part comme un peuple de maîtres (*sic*) à la direction des destinées du monde entier, et que, par la fondation de l'empire, nous n'avons fait qu'un premier grand pas dans la voie de la puissance mondiale. Ce qui prouve que nos revendications ne sont pas irréalisables, c'est le toast de notre empereur, le 18 janvier 1896, à l'occasion de l'anniversaire de la fondation de l'empire allemand, indiquant que l'Allemagne est devenue un empire mondial dont les sujets demeurent dans toutes les parties les plus éloignées de la terre, dont la part dans le commerce universel se chiffre par milliards, et dont c'est le devoir de protéger les nombreux milliers de compatriotes à l'étranger et de lier solidememt le plus grand empire allemand à celui de la métropole. »

Au cours de cette étude, nos lecteurs verront comment il faut entendre en langage pangermaniste « protéger les compatriotes à l'étranger, diriger les destinées du monde, donner au peuple allemand son entier développement », et aussi la signification réelle des statuts que nous reproduisons ici : Ils verront aussi combien mentent ceux qui parlent d'amitié, d'union avec « l'ennemi héréditaire ».

« 1° Vérification de la conscience patriotique dans le pays et lutte contre toutes les tendances contraires au développement national ;

2° Solution des questions d'instruction, d'éducation et d'écoles dans le sens du peuple allemand ;

3° Soins et protection des tendances nationales allemandes dans tous les pays où des membres de notre peuple ont à lutter pour conserver leur caractère propre, et cohésion de tous les Allemands de la terre dans ce but ;

4° Encouragement d'une politique énergique des intérêts allemands en Europe et outre-mer, particulièrement aussi continuation du mouvement colonial allemand en vue de résultats pratiques. »

Comme moyen d'agitation, l'Association dispose : du journal les *Alldeutsche Blätter ;* de brochures ; de communications à la presse ; de conférences et de réunions publiques organisées par des groupes locaux ; de vœux et de motions des groupes locaux ou de l'Association entière présentés au Reichstag ou au chancelier de l'empire, de concert, souvent, avec les interpellations que des députés, membres de l'Association, font eux-mêmes au Reichstag.

Le journal a surtout contribué à relever le sentiment allemand. « Les *Feuilles pangermanistes*, nous dit la même brochure, représentent déjà une puissance dans la vie publique, d'autant plus que ses informations sont reproduites avec prédilection par la presse nationale et sont ainsi répandues plus loin. »

Mais il n'y a pas que les peuples à conquérir dont il faut s'occuper ; il faut aussi surveiller les peuples déjà conquis. L'Association ne recule devant aucune besogne. L'Allemand, espion au dehors, est, chez lui, policier par tempérament.

« L'Association pangermaniste dirige un œil aigu (*sic*) sur les manœuvres des petits peuples de langue étrangère à l'intérieur des frontières de l'empire. Il suit avec attention les progrès des Polonais dans nos provinces de l'est, les empiètements des Français en Alsace-Lorraine, ceux des Danois en Schleswig. L'Association a rendu aussi de grands services en découvrant le mouvement lithuanien et mazurien dans la Prusse orientale, ainsi que le mouvement wende dans la Haute-Lusace. »

Une de ses principales tâches consiste à grouper les Allemands résidant à l'étranger et à les relier à la mère-patrie. Les principaux de ces groupements se trouvent à Anvers, Zurich, Londres, Hull pour l'Europe ; outre-mer : à Capetown, à Johannesburg, en Amérique, etc.

A sa grande douleur, elle est obligée de reconnaître qu'un trop grand nombre de ces émigrés sont assimilés par les pays où ils se sont établis. L'Association attribue cette facilité à perdre le caractère national à trois causes : 1° le mauvais choix des pays par les émigrants ; 2° la loi d'empire du 1er juin 1870, faisant perdre la nationalité au bout de dix ans à tout sujet qui ne s'est pas présenté au consul pour être immatriculé sur les listes de contrôle militaire ; 3° la nécessité de venir faire ce service militaire dans la métropole, ce qui ne peut être accompli qu'avec de grands sacrifices.

Ces usages dataient de l'époque où l'Allemagne divisée ne pouvait songer à la domination mondiale.

Pour obvier à ces inconvénients, l'Association a élaboré une loi sur l'émigration qu'elle a présentée au Reichstag et qui, dans ses points essentiels, a été votée comme loi d'empire en 1897. En outre, le Dr Hasse a demandé au Reichstag que les Allemands d'outre-mer puissent faire leur service dans les colonies allemandes, ce qui fut accordé en 1896 pour le sud-ouest africain. « C'est déjà un grand pas en avant et la rupture avec le passé. »

La route s'ouvre donc devant l'Allemand. L'avenir est à lui. Il est sûr de bousculer tous les obstacles.

Le Dr Hasse ayant aussi insisté pour que l'empire augmentât les fonds destinés à entretenir les écoles à l'étranger, réussit à faire porter ce budget de 100.000 à 150.000 marks, avec promesse de prochaine augmentation. Cette augmentation fut consentie, en effet, et même à plusieurs reprises. Le budget des écoles allemandes à l'étranger reçoit aujourd'hui 500.000 marks rien que pour la subvention de l'empire, sans compter les dons volontaires. En 1912, l'empereur donna 5.000 marks sur sa cassette particulière pour l'école allemande de la rue de Crimée à Paris. L'école libre, interdite au Français, est permise à l'Allemand qui peut y prêcher l'amour de l'Allemagne et le mépris de la France.

Enfin, l'infatigable docteur ayant, le 14 janvier 1895, interpellé au Reichstag pour se plaindre de la mollesse de l'ambassadeur Peyer, dans l'Amérique centrale, le gouvernement s'inclina et l'ambassadeur fut rappelé.

Depuis lors, en de nombreuses circonstances, les pangermanistes dictèrent ainsi, plus ou moins péremptoirement, leur volonté et obtinrent ce qu'ils désiraient. On peut dire qu'ils furent les véritables metteurs en œuvre et en scène de l'intervention allemande au Maroc.

Dans toutes ces circonstances, l'Association pangermaniste montra, nous semble-t-il, qu'elle n'est pas quantité négligeable et ridicule, ainsi qu'on voudrait essayer de nous le faire croire chez nous comme en Allemagne. Ils ont voulu la flotte allemande et ils l'ont créée avec leur énorme association du *Flottenverein*.

Les pangermanistes ne seraient pas les parfaits Allemands qu'ils sont, si une rigoureuse discipline ne les régissait. « Aussitôt, dit M. Lehr, que le mot d'ordre a été donné par le comité central aux groupes locaux et aux « hommes de confiance » (Vertrauensmänner), ceux-ci se réunissent pour délibérer, votent les ordres du jour, *éclairent l'opinion publique* sur tout ce qui est dans l'intérêt national, éveillent la compréhension de ces choses et la tiennent éveillée. »

Et le même personnage, aujourd'hui décédé, qui fut un des chefs de la Société, s'applaudit de l'élasticité des statuts:

« Nous avons tâché que les statuts fussent maintenus autant que possible dans les généralités, afin de pouvoir, d'un instant à l'autre, partout et toujours, intervenir là où les intérêts nationaux, l'honneur national, le germanisme en général nous semble menacé, sans que nos statuts puissent nous imposer des chaînes ou nous élever des barrières. »

Cette discipline très stricte s'accordant avec une certaine indépendance des individus montre la puissance de l'organisme.

On commence à voir le rôle que joue en Allemagne la Société pangermaniste. On pourrait dire qu'elle est ce que fut chez nous la Ligue des Patriotes de Déroulède, avec cette différence que la Société française, œuvre de défense, ne voulait que recouvrer nos provinces perdues, tandis que l'*Alldeutscher Verband* rêve la conquête du monde. Et il ne faut pas oublier cette autre différence essentielle que le gouvernement de chez nous se montra hostile à la Ligue, tandis que l'Association d'outre-Rhin est, bien qu'elle s'en défende, l'auxiliaire des personnalités dirigeantes de la politique allemande.

C'est là le grand point, toujours contesté par ceux qui affectent de sourire de la « folie pangermaniste ». Ils s'appuient sur ce que, à maintes reprises, le gouvernement de Berlin a désavoué les Alldeutschen, et sur ce que ces derniers, en d'autres occasions, ont blâmé l'attitude du chancelier et ont semblé lui faire une opposition plus ou moins énergique.

Ce sont là manœuvres destinées à tromper la galerie. En réalité, la Ligue pangermaniste est un poste avancé du gouvernement, soutenu par lui de façon occulte. C'est elle qui, comme elle le dit, travaille et prépare l'opinion publique, lui fait connaître les prétendues spoliations dont l'Allemagne aurait été victime, lui signale les conquêtes à faire dans un avenir plus ou moins proche, lui indique les étapes à parcourir, lui montre enfin le but final, la puissance colossale où peut parvenir la patrie allemande, si ses enfants la servent avec dévouement et savent consentir en temps opportun les sacrifices nécessaires.

Il faut catéchiser la populace allemande, mais tout faire pour ne pas éveiller la méfiance des peuples visés.

Longtemps, cette complicité avait été niée avec indignation de part et d'autre jusqu'à ce que, le 14 juillet 1906, il échappât aux *Feuilles pangermanistes* un imprudent aveu : « Qui peut parler de l'avenir du peuple allemand ? Naturellement, ni le gouvernement, ni ceux qui sont à la tête de l'Etat. Nous n'avons jamais eu la sottise de prétendre que l'empereur et le chancelier doivent reconnaître ouvertement le programme pangermaniste. Mais lorsque le gouvernement, par des actes plus éloquents que des paroles, en exécute ce qui lui semble mûr et prépare en silence ce qui est accessible dans un temps donné, il semble que l'on ait trouvé la véritable distribution des rôles, et rien ne nous blessera moins que lorsque le gouvernement nous « secouera » (nous désavouera) ouvertement, autant qu'il en aura envie et aussi souvent qu'il le jugera utile. »

On ne pouvait établir plus nettement les choses. Dès lors, tous les démentis, tous les reniements n'y pourront plus rien : nous savons que le gouvernement et les pangermanistes se sont « distribué les rôles », que ceux-ci sont chargés de préparer l'opinion publique, de tracer un programme trop vaste et trop hardi pour pouvoir être exécuté immédiatement, mais destiné à semer dans le pays les idées qui doivent y germer lentement. De ce programme, le gouvernement réalise peu à peu « ce qui lui semble mûr », et lorsque ses auxiliaires vont trop loin, se lancent en des propos imprudents, il leur inflige un blâme, un démenti ; il les renie, les « secoue » comme de gênants enfants terribles, en déclinant bien haut toute solidarité avec eux.

On seconde ainsi en France l'action des humanitaristes chargés de nous endormir et de nous désarmer.

Aujourd'hui, même dans une monarchie réactionnaire et presque absolue comme l'est en fait l'empire allemand, il est devenu impossible de gouverner sans tenir compte de l'opinion publique. Le contribuable est un facteur indispensable que même un autocrate ne peut plus dédaigner. On sait quel rôle jouait sous Bismarck cette presse spéciale et « inspirée » que l'on a nommée les « reptiles ». L'Association pangermaniste, ramifiée sur toute l'Allemagne, l'Autriche, la Suisse, la Hollande, les colonies allemandes et tous les pays où des Allemands se sont établis, et maintenant en communication tous ces groupements par son organe hebdomadaire, est un moyen d'action d'une autre envergure. Elle est, comme elle le proclame, « un grandiose filet de culture allemande jeté sur le monde ». Le « fonds des reptiles » continue néanmoins à subventionner, à l'étranger, les « esprits libérés des superstitions d'un patriotisme féroce et stupide ».

Le fait que toutes les personnalités marquantes appartiennent aux milieux universitaires, aux fonctionnaires ou même à l'armée suffirait à établir son caractère officieux. Des Allemands célèbres en firent partie, comme feu Mommsen, l'un des représentants les plus notoires de la science officielle et *persona gratissima* auprès de l'empereur, celui-là même qui, dans une lettre restée fameuse, recommandait d'assommer les Tchèques. C'est encore le maréchal von der Goltz, l'un des écrivains militaires les plus connus outre-Rhin, et qui, s'il est aujourd'hui atteint par la défaite des Turcs qui fut surtout la sienne, n'en fut pas moins pendant longtemps l'un des chefs les plus considérés de l'armée allemande. C'est encore le comte de Stolberg-Wernigerode qui fut premier vice-président du Reichstag, le comte de Rewentlow, grand propriétaire foncier, député, écrivain patriotique réputé, le général Keim, président de la Ligue militaire affiliée à l'Association pangermaniste et qui tint, en maintes occasions, des discours retentissants. Puis voici le contre-amiral von Riedel, le comte de Pfeil-Ellguth, chambellan du roi de Saxe, le lieutenant général, Son Excellence von Liebert, encore un Allemand des plus notoires, écrivain et orateur très considéré, et bien d'autres personnages de marque, sans compter la multitude des professeurs, des avocats, des médecins, des fonctionnaires, des officiers supérieurs en retraite ou même en activité. Insistons surtout sur le caractère pangermaniste des maîtres d'école et des livres de classe mis entre les mains des enfants.

Enfin, l'empereur lui-même, à plusieurs reprises, se déclara d'accord avec les pangermanistes. Le 2 août 1898, à Mayence, il dit : « Je veux maintenir entier l'héritage de la nation. Dans ce but, l'union et la collaboration de toutes les tribus germaniques sont nécessaires. » En 1899, à l'Evangelischer Bund, de Berlin : « Mon but suprême est d'écarter ce qui sépare le grand peuple allemand. » Son toast du 18 janvier 1896, que nous avons reproduit plus haut, était plus clair et plus net. M. Grell le qualifie de franchement pangermaniste et ajoute que « la Ligue a trouvé en l'empereur un puissant allié, einen mächtigen Bundesgenossen ».

Mais depuis cette déclaration, le temps a marché, et si les pangermanistes ont obtenu une partie de ce qu'ils espéraient, ce résultat, loin de les satisfaire, a aiguisé leurs appétits, hypertrophié leurs ambitions. Ils commencent à trouver que le gouvernement n'avance pas assez vite, assez hardiment dans la voie qu'ils lui tracèrent ; ils s'impatientent contre l'empereur qu'ils trouvent trop prudent ; on dirait vraiment que l'ancien pacte leur pèse et qu'ils en ont assez d'être « secoués ».

A plusieurs reprises, contrairement à tous les usages d'Allemagne, ils attaquèrent Guillaume II avec une violence de plus en plus grande, et même à l'occasion de son jubilé en juin 1913, l'un des plus notoires journaux pangermanistes, la *Gazette du Rhin et de Westphalie*, publia contre lui une diatribe des plus acerbes (2).

En même temps qu'ils boudaient leur souverain, dans leur rancune de ne pouvoir lui faire remplir immédiatement tous leurs desiderata, même les plus audacieux et les plus outrecuidants, les pangermanistes se rabattaient sur l'héritier du trône en qui ils croient trouver le futur souverain de leurs rêves.

Ce jeune homme, en effet, semble vouloir faire sien leur programme. Ainsi que nous le montrerons plus loin, il a déjà agi plusieurs fois en bon pangermaniste. L'âge et les responsabilités du pouvoir calmeront-ils ses ardeurs ? Laissons ce souci aux pangermanistes. Ce qui nous importe, c'est de savoir le sort que l'Allemagne nous réserve, ainsi qu'à beaucoup d'autres, si le succès continue à la favoriser.

Les pangermanistes veulent : les bouches du Danube leur donnant accès sur la mer Noire qui leur ouvrirait l'Asie ; la possession de Trieste qui leur ouvrirait l'Adriatique, la Méditerranée et par suite l'Afrique ; enfin les bouches du Rhin d'où ils domineraient la mer du Nord et l'Océan.

La conquête de l'Autriche s'impose d'abord. Les autres viendraient ensuite facilement comme des conséquences naturelles et forcées. Mais cette première conquête elle-même ne se ferait pas en une seule ruée. Là encore, on procéderait par étapes. Les plans sont divers. Celui qui semble rallier le plus de suffrages respecterait l'indépendance provisoire de la Transleithanie. Après une lutte de cinq siècles, la maison de Habsbourg serait décidément écrasée par la pieuse et pacifique maison de Hohenzollern, et les Etats de l'ancien empire d'Autriche partagés entre les divers royaumes allemands.

La Prusse, qui conserverait naturellement les droits de puissance directrice, recevrait la Silésie et la Moravie ; la Saxe aurait la Bohême, la Bavière, la région de l'Inn, le pays de Salzbourg, le Vorarlberg et le Tyrol ; le Wurtemberg, comme dédommagement, s'annexerait la province prussienne de Hohenzollern. Le littoral de l'Adriatique, avec les ports de Trieste, de Pola, la pointe sud de la Dalmatie, avec Cattaro, deviendraient un Reichsland — terre d'empire — gouverné par un statthalter militaire, et formerait la base de la puissance navale allemande dans le sud.

Le reste, comprenant les pays de Haute et Basse Autriche, la Styrie, la Carinthie, la Carniole, deviendrait dans la Confédération germanique, un Etat indépendant, un royaume d'Autriche, avec un souverain qu'il aurait choisi parmi les maisons non régnantes d'Allemagne. Pour ôter à la Hongrie toute velléité d'opposition, on l'aiderait à se reconstituer en royaume indépendant, avec la Bosnie, l'Herzégovine, une partie de la Dalmatie, la Galicie et la Bukovine. Plus tard, et le nouvel empire allemand bien constitué, il suffirait d'un léger effort pour faire entrer ce petit pays dans le giron de la Pangermanie.

Les *Alldeutschen* sont sans grandes inquiétudes sur la germanisation des populations conquises. Ils ont toujours confiance dans leurs traditionnels procédés allemands : comme d'habitude, ils emploieront la violence et la spoliation. « L'empire reçoit le droit de déposséder les grands propriétaires fonciers. Il ne fera usage de ce droit qu'envers les familles germanophobes de la haute aristocratie qui, jusqu'à présent, ont le plus influencé la dynastie. Ces biens confisqués deviendront des domaines de l'empire et seront occupés par des fonctionnaires et des fermiers allemands, ou en partie morcelés pour l'établissement de fermiers allemands. Là se trouve la meilleure garantie de la germanisation de ces pays ». *Oesterreichs Zusammenbruch und Wiederaufbau* (l'Ecroulement et la réédification de l'Autriche) sans nom d'auteur, mais faisant partie de la collection des brochures de l'Association pangermaniste (Munich 1899).

L'empire d'Autriche, étant appelé avant tous autres pays à faire partie de la plus grande Allemagne, c'est dans son sein que depuis longtemps les pangermanistes ont engagé les luttes les plus ardentes. Il serait trop long d'en donner même un abrégé. Les Allemands prussianisés d'Autriche ne reculent devant aucune violence. Ils multiplient leurs associations qui, sous les masques les plus divers, ont toutes le même but : associations d'étudiants, de gymnastes, de danse, de chant. La Bohême, qui aura à soutenir le premier choc, en est couverte. Il faut citer en première ligne l'Union évangélique, la Société Gustave-Adolphe, l'Union des écoles allemandes, etc. Ce sont elles qui ont mené la fameuse campagne dite *Los von Rom* (séparons-nous de Rome) qui, sous prétexte de conversion au protestantisme, avait pour but réel de faciliter l'union avec l'Allemagne protestante. Elle a échoué assez piteusement, mais sans compromettre l'œuvre pangermaniste en Autriche. Car beaucoup de catholiques autrichiens furent convertis à ses projets par la remarque que l'Autriche, presque exclusivement catholique, mettrait par son annexion à l'empire le protestantisme allemand, non pas certes en minorité absolue, mais en puissance si réduite que le catholicisme, de force presque égale, pourrait espérer un jour devenir maître et imposer sa volonté. Les derniers événements dans les Balkans ont bouleversé tous ces beaux projets. Le pot-à-lait pangermaniste est renversé de ce côté-là, et on ne peut encore savoir exactement quel plan de campagne sera arrêté.

La Russie n'a pas échappé à « l'œil aigu » du pangermanisme. Là aussi, il y a « du bien allemand » perdu, des « frères allemands gémissant sous la tyrannie étrangère ». Aussi est-ce avec joie qu'on a vu le « colosse aux pieds d'argile » engagé dans une guerre désastreuse, avec plus de joie encore qu'on l'a vu, qu'on souhaite le voir de nouveau se débattre contre la révolution, s'affaiblir de jour en jour, et bien près de chanceler, pour périr dans l'anarchie.

L'Esthonie aux portes de Saint-Pétersbourg ; la Livonie, la Courlande et la Pologne russe sont les provinces qui devraient tout d'abord « être restituées » à l'empire allemand. Comme toujours les Teutons ont commencé par « l'envahissement pacifique » en inondant ces pays de leurs émigrants. On cite des villages entièrement allemands. La presque totalité des 695 grandes propriétés livoniennes est entre les mains des Allemands qui deviennent en outre fonctionnaires, médecins, pharmaciens, professeurs, directeurs de fabriques et artisans, détenant le commerce, la navigation, les carrières libérales et atteignant enfin en 1904, le chiffre de 300.000 âmes sur une population de 2.000.000 d'habitants (Riga 67.000 sur 170.000 habitants, Dorpat 10.500 sur 30.000).

Notons en passant que la dernière ville prussienne touchant exactement la frontière des provinces baltiques porte le nom très suggestif de *Nimmersatt* (jamais rassasié).

Mais, en admettant qu'à la suite de catastrophes, la Russie soit, pour une période suffisante, réduite à l'impuissance, l'annexion de ces provinces présenterait des difficultés. Là encore, les populations autochtones ont horreur de ces pauvres Allemands, décidément bien méconnus, malgré leurs si grandes et si nombreuses vertus (2). Pendant les troubles de 1905, les *Feuilles pangermanistes* du 17 juin publiaient une lettre d'un Allemand racontant que des bandes de paysans lettons parcouraient les campagnes, pillant, brûlant les propriétés, assassinant les propriétaires allemands ; mainte ferme était incendiée sans qu'on pût ou qu'on voulût découvrir les coupables. Les théâtres allemands de Dorpat et de Reval avaient subi le même sort. L'exaspération des populations poussées à bout par l'arrogance et la brutalité teutonnes se satisfaisait, profitant de l'insurrection, et les nouvelles des journaux annonçaient que des convois d'Allemands s'empressaient de fuir un pays où ils ont réussi à se faire exécrer.

Dans l'ouest et le sud de la Russie, comme dans les provinces baltiques, les préparatifs en vue d'annexions possibles ont été faits suivant la méthode invariable de la colonisation : les humbles émigrants frayant le passage aux régiments. La Pologne compte 500.000 Allemands, les gouvernements de Grodno et de Kowno 40.000, la Russie méridionale 500.000, le bassin du Volga 410.000, la région du Caucase 50.000 et il y en a 200.000 dispersés un peu partout, ce qui, avec les 300.000 de la Baltique, fait un total de 2.000.000.

Comme nous l'avons dit, la principale mission de l'*Alldeutscher Verband* est de se mettre en rapports avec tous ces groupements, de les organiser, de les tenir prêts à agir suivant un même mot d'ordre.

La conquête de la Hollande et d'Anvers, déjà presque entièrement allemands par l'envahissement de leur commerce, complèterait l'œuvre pangermaniste. On serait alors en face d'un bloc, décrit ainsi par une brochure anonyme, comme plusieurs de celles que publie l'*Association* et qui a pour titre: *Grossdeutschland und Mitteleuropa um das Jahr* 1950 (la Pangermanie et l'Europe centrale vers 1950, Berlin 1895) :

« Finalement, deux groupes territoriaux seront constitués en Europe centrale. L'un, politique ou Confédération germanique, comprendra l'empire allemand, le Luxembourg, la Hollande, la Belgique, la Suisse allemande et l'Autriche-Hongrie ; l'autre sera un immense Zollverein. Outre la Confédération germanique, il embrassera les provinces baltiques, le royaume de Pologne, le pays ruthène, la Roumanie et la Serbie agrandie.

» La Pangermanie abritera alors 86 millions d'hommes et le territoire économique soumis à son action commerciale directe sera habité par 131 millions de consommateurs.

» Sans doute, les Allemands ne peupleront pas seuls le nouvel empire allemand ainsi constitué ; mais seuls ils gouverneront, seuls ils exerceront les droits politiques, serviront dans la marine et dans l'armée ; seuls, ils pourront acquérir la terre. Ils auront alors, comme au moyen âge, le sentiment d'être un peuple de maîtres. Ils condescendront cependant à ce que les travaux inférieurs soient exécutés par les étrangers vivant sous leur domination. »

Ces étrangers seront, au reste, décimés. On les priera de s'en aller pour faire place aux Allemands. De nombreux articles le disent. N'en citons qu'un seul :

« Nous n'hésiterions pas, dit la brochure, — encore anonyme — *Deutschland bei Beginn des* 20. *Jahrhunderts (L'Allemagne au début du XX*e *siècle, Berlin* 1900), à enlever à la France ainsi qu'à la Russie de larges bandes de territoire pour en faire des marches devant nos frontières de l'est et de l'ouest. Il faudrait stipuler que *ces territoires seraient évacués par la population.* »

L'Europe une fois soumise à l'hégémonie allemande, on s'occupera d'étendre cette domination au reste de la terre : « C'est visiblement le sens de l'histoire que la race blanche, sous la conduite des Germains, arrive à la domination réelle et définitive du monde. » (Article *Deutsche Zukunft,* par M. L. Stein, dans la revue *die Zukunft* (l'Avenir) du 7 septembre 1901.)

L'Allemagne, pays pauvre et trop peuplé, a besoin d'établir les enfants de sa race trop prolifique dans des pays mieux favorisés par la nature. Depuis ses succès militaires, elle veut qu'ils s'y installent, non plus en émigrants reçus par pitié, mais en maîtres. Elle est aussi devenue commerçante, industrielle, a besoin pour ses produits de colonies, de débouchés plus nombreux. Mais comme ces marchés qu'elle convoite sont entre les mains d'autres nations, il faut bien qu'elle s'en empare de vive force.

Trieste, qui lui livrera la Méditerranée, lui permettra de guetter l'occasion de s'emparer de l'Algérie, et aussi du Maroc dont elle ne cesse de regretter la perte.

Là encore on peut constater le travail persévérant de

l'Association pangermaniste et sa lointaine prévoyance. Le 13 août 1904, les *Feuilles pangermanistes* écrivaient sous le titre : *Marokko, Land und Hafen* (le Maroc, pays et ports) : « Lorsque l'on demandait, il y a plus de vingt ans, au Dr G. Rohlfs si sur la terre il y avait encore un territoire que nous pussions acquérir, il répondit ce mot : « le Maroc ». Et Rohlfs était certainement un homme capable de juger les choses. »

Depuis 1880 environ, les Allemands avaient les yeux fixés sur le Maroc. Plus tard, le professeur Fischer, l'illustre pangermaniste dont nous avons déjà parlé, se met à l'œuvre. Au printemps de 1901, il recense les Allemands qui s'y sont établis et en trouve 190. Au début de 1904, les *Feuilles pangermanistes* commencent une campagne qu'elles continuent inlassablement, faisant de ce pays un tableau enchanteur, campagne en règle, menée avec une extrême vigueur, une persévérance toute germanique, dont le but est de pousser le gouvernement à agir, à tirer parti de la première occasion favorable, tout en préparant l'opinion et en indiquant ce beau pays comme but aux émigrants.

Le 27 février 1904, sous le titre *Occasions manquées*, le Dr Hasse demande que l'on profite de la guerre russo-japonaise qui rend la Russie impuissante, pour mettre en train les opérations. Puis il fait semblant d'attaquer le chancelier qu'il accuse de mollesse : « Une chose est certaine, nous aurons subi une grave défaite diplomatique si nous acceptons l'accord franco-anglais et si, de notre côté, nous ne faisons rien... Il faut que nous agissions et le plus rapidement possible. » Et l'on inonde le pays de brochures : *Le Maroc perdu ? Pourquoi nous faut-il le Maroc* ? etc. Enfin, dans sa double séance à Gotha, les 9 et 10 avril, le comité central de l'Association envoie au comte de Bulow une adresse dans laquelle il l'exhorte à s'occuper sérieusement du Maroc. Mais le chancelier prudent, au Reichstag, le 13 avril 1904, demande « s'il devrait donc dégainer dans le cas où la France repousserait les prétentions de l'Allemagne dans la question marocaine ». Les *Feuilles pangermanistes* s'indignent, redoublent d'efforts et finissent en effet par soulever l'opinion publique, car le 11 juin, elles constatent que « l'indignation au sujet de l'attitude si faible du gouvernement a dépassé de beaucoup les cercles pangermanistes », et que les officiers « paraissent en éprouver une gêne considérable ».

Si nous nous sommes un peu étendus sur cette question marocaine, c'est que nous ne pouvions trouver un meilleur exemple des procédés de l'Association. Elle déchaîne les convoitises publiques et privées en faisant entrevoir un pays riche à conquérir, éperonne en même temps le patriotisme, la susceptibilité nationale, exhorte le gouvernement à agir, feint de s'indigner devant sa soi-disant faiblesse, et réussit enfin à émouvoir le pays, qui à force de lire ces choses, de les entendre répéter à satiété, s'indigne à son tour, se croit joué, diminué, bafoué, et regarde si sa bonne épée de 1870 n'est pas rouillée.

Alors le gouvernement, qui agissait dans l'ombre, juge le moment venu, démasque ses batteries, et l'empereur débarque à Tanger.

Il est un autre pays que les pangermanistes rêvent de rattacher à la mère-patrie, et qu'un incident (décembre 1905), l'imprudente conduite de l'équipage de la canonnière la *Panther*, a mis un instant au premier plan de l'actualité.

En 1892, la revue le *Neue Kurs*, dans un article intitulé: *Le Germanisme à l'étranger, instrument de la politique de l'Empire*, montrait les Allemands fondant au Brésil un Etat dans l'Etat, et demandait que l'empire soutînt d'une façon plus active ses nationaux à l'étranger, car « les institutions politiques du Brésil sont si instables qu'une légère impulsion aurait suffi (au moment de la révolution brésilienne) pour fonder là une province d'outre-mer, un Reichsland sous protectorat allemand. Si, au lieu des généraux brésiliens que guide seule leur ambition personnelle, il s'était trouvé dans le sud un patriote allemand comme feu von Koseritz, à la tête d'un mouvement national allemand, l'Allemagne se serait accrue d'une riche province et d'un territoire pour le trop-plein de sa population ». Il ajoute : « Ici, il faut commencer une agitation efficace, si nous ne voulons pas avoir à baisser honteusement pavillon devant ces Portugais dégénérés... *Il nous suffit* d'avoir les trois provinces où demeurent si peu de Latins et, peut-être, pour nous arrondir, la bande de terre de Parana, qui se trouve entre elles et où la population est encore plus clairsemée ».

Ce qui arrive partout où l'Allemand se croit enfin assez fort pour mettre bas son masque d'humble bonhomie et prendre l'attitude de Tartufe s'écriant : « La maison est à moi ! » s'est produit au Brésil. Là aussi, les indigènes s'émurent et grandit la haine du Teuton. Celui-ci s'en serait peu inquiété s'il ne s'était agi d'écraser que les Brésiliens, mais l'attention des Etats-Unis s'était éveillée ; des représentations avaient été faites à Berlin. L'imprudente arrogance des marins du *Panther* avait provoqué un vif mouvement d'indignation parmi les Brésiliens. Il en résulta la création d'un parti anti-allemand et les journaux de New-York prédirent que les Etats-Unis seraient bientôt obligés de faire respecter la doctrine de Monroë et de défendre le Brésil contre les ambitions allemandes.

L'Allemagne ne peut s'arrêter dans la voie où elle s'est engagée. Aux peuples qu'elle a asservis déjà, viendront s'ajouter d'autres peuples qui, se sentant menacés, s'organisent et s'exaltent pour une suprême résistance. C'est pour le bien de l'humanité, dit-elle, que je veux les conquérir, je suis le peuple de Dieu, chargé d'une mission divine. Les systèmes philosophiques et les pieuses harangues lui servent à masquer son ambition, son besoin de domination, et surtout le formidable appétit de richesses qui lui est venu depuis ses triomphes (3).

Mais autour d'elle un cercle de méfiances, de craintes et de haines se forme et l'enserre. Elle ne peut plus s'illusionner ; elle en convient et même s'en fait gloire, se croyant de force à tout braver (3).

D'autres avant elle avaient fait le rêve de domination gigantesque qui l'enivre. Tous eurent le même sort. Cela sera peut-être plus long pour elle, prudente et méthodique ; mais pas plus que les autres, elle n'échappera aux conséquences de ses actes, et le jour viendra où elle subira, elle aussi, les dures lois de la justice immanente.

Et ce sera un bel écroulement.

NOTES

(1) Le fameux maître d'école allemand, tant vanté par nos intellectuels, enseigne que l'Europe a jadis été la propriété de l'Allemagne qui en fut injustement dépossédée par la ruse, la trahison et la violence. Le but suprême du véritable « homme allemand » est donc de regagner ce qui lui a été arraché et de reconstituer le vieux Saint Empire germanique.

Quant à la France, en particulier, le traité de Francfort ne lui reprit qu'une infime partie de ce qui devrait appartenir à l'Allemagne. Certes, on reconnaît que dans l'état actuel des choses, la juste réparation des anciens dommages présente des difficultés considérables, mais cela ne doit pas empêcher de bien établir la spoliation et de réserver l'avenir.

Les quelques extraits des livres classiques que nous donnons suffiront à montrer l'état d'esprit des « Doctors » d'outre-Rhin.

Il y aurait beaucoup à prendre dans les nombreux ouvrages du professeur de géographie A. Hummel. Nous nous contenterons de quelques extraits de la *Géographie physique* (Handbuch der Erdkunde, Leipzig, Gebhart, 1876).

Dans ce gros volume de 1336 pages, le professeur s'attache à rechercher ce qu'il y a de véritables Français en France. Presque partout, il découvre des Allemands.

« En Champagne, on reconnaît aux nombreuses têtes blondes à yeux bleus qu'on se rapproche des frontières allemandes. A cela s'ajoute le sérieux dans le caractère, même une certaine lourdeur et difficulté qui, chez les Français plus vifs de l'ouest, est décriée comme bêtise.

» Dans les veines du Normand bat, à ne s'y pas méprendre, un sang germanique... De là son aptitude aux affaires, son habileté, son coup d'œil. Il n'est pas seulement le meilleur agriculteur, il est aussi le meilleur matelot de la France. C'est un arrière souvenir du temps des anciens rois de la mer. »

Pour les Picards, M. Hummel répète à peu près ce qu'il dit des Normands. L'Artois et la Flandre faisaient partie des Pays-Bas.

« La Flandre du nord-est n'appartient à la France qu'en vertu du droit du poing du conquérant que Louis XIV se fit reconnaître par le traité de Ryswick (1697).

» La Bourgogne est une partie de la France où les Allemands trouvent aussi le souvenir de la patrie (wo es den Deutschen gleichsam anheimelt). On sent un silencieux et aimable souffle de vie passer sur le pays, une certaine douceur raisonnable des hommes qui, souvent d'une fidélité et d'une bonté de cœur presque allemandes, doivent être comptés parmi les Français les plus talentueux, les plus braves et aimant le plus la liberté. Même la grande ville de fabriques Lyon a beaucoup de cette couleur, et dans ces contrées manque presque partout l'exagération des trémoussements et du jacassement gaulois.

» Les hommes du Languedoc sont d'une race forte, sérieuse et passionnée, d'une trempe beaucoup plus ferme et beaucoup plus dure que le Français normal. Arndt en cherche la cause en ce que dans ces contrées, par l'invasion des Wisigoths germaniques, la race gauloise a été chassée ou tout au moins mêlée de sang germanique. Cette origine germanique se traduit dans la tendance à la philosopher, à ergoter qui sont propres à cette race et qui ont provoqué les schismes religieux, qui si souvent ont déchaîné dans ces contrées de sanglantes guerres de religion.

« La Lorraine française est, d'après Arndt, habitée par un peuple fort, sérieux, belliqueux, véritable noyau de l'armée française qui sent et représente plus fortement qu'aucune race de Français l'honneur et la puissance du royaume et ce que le Français nomme son indépendance et sa liberté. On pourrait dire : ce peuple, au reste intelligent et laborieux, a porté au delà de la frontière maints défauts allemands et n'a pu être que peu à peu gagné par les qualités aimables et sociables des Français. Avec cela les Lorrains, le plus hommes de notre sorte, sont justement les violents et les hautains qui maintenant depuis longtemps romanisés et francisés, se figurent que nous, Allemands, devrions nous estimer heureux d'être conquis et dominés par eux. Rien n'est plus caractéristique pour l'attitude des Lorrains envers leur patrie d'origine, que de voir que leur premier fait politique au Reichstag allemand a été une protestation contre leur réincorporation à l'Allemagne.

» Si, selon toute vraisemblance, les départements de la Méditerranée renferment le plus grand nombre de descendants français de race latine, ce n'est pas encore qu'il n'y ait lieu de supposer que le sang y soit croisé dans une forte proportion de sang goth et burgonde. »

Voici enfin où l'on trouve le véritable Français « Normal-Franzose », comme dit l'éminent professeur :

« L'Ile-de-France est (d'après la forte description de notre éminent M. Arndt auquel nous nous joindrons souvent pour caractériser les populations des diverses régions) le noyau français, — mais non dans le sens de noyau, — la farce gauloise du pâté français où le vieux fond romain-gaulois fut refoulé par les étrangers d'alentour et où le nouveau et l'étranger ont le moins pénétré. Ce milieu de France, cette partie plus légère et corrompue (faul) fut assez puissante pour faire aigrir et lever toute la pâte. C'est d'elle qu'est née cette versatilité, cette inconstance et cette incompréhension dont même les parties plus nobles du peuple français ne sont pas restées indemnes. Dans les centres gaulois vit aussi l'homme français le plus mal venu et le plus rabougri, si court pour le plus grand nombre qu'il n'atteint pas la minime hauteur de la mesure du soldat français. »

Un autre illustre pédagogue, le professeur Dr Daniel, ancien inspecteur adjoint au Pédagogium Royal de Halle, dont les ouvrages de géographie font autorité, traite la France de façon équivalente.

Dans un de ses ouvrages qui avait atteint en 1896 sa 203e édition : *Fil conducteur pour l'enseignement de la géographie* (Leitfaden für den Unterricht der Geographie) publié par le professeur Dr B. Bolz, directeur du Gymnase royal Frédéric à Breslau, Halle « librairie de l'Orphelinat »), nous retenons parmi beaucoup d'autres ces déclarations intéressantes :

« Lorsque les trois petits-fils du grand roi des Francs et empereur Charles se partagèrent en 843 à Verdun, son héritage, la France proprement dite, à l'ouest de la Saône et du Rhône, était un pays sans puissance et le resta pendant presque tout le Moyen Age. Lyon et Marseille étaient placés alors sous des rois allemands. Pour Metz et Strasbourg, cela va de soi !... Au loin, s'étendait la puissance du roi allemand ; il gagna la couronne de Bourgogne comme celle d'Italie, de sorte que les pays de la Saône et du Rhône (donc, le sud-est de la France) furent depuis 1032 réunis à l'Allemagne comme royaume de Bourgogne et d'Arles. »

Dans un autre de ses ouvrages, « l'Allemagne décrite d'après sa situation physique et politique » 2 vol. Leipzig 1870 (Deutschland nach seinen physischen und politischen Verhältnissen geschildert), le professeur Daniel trace la frontière qui pourrait le satisfaire pour l'instant. Elle commencerait d'après lui au cap Gris-Nez, gagnerait l'Argonne et les Faucilles, le Jura et le lac de Genève. Cela nous coûterait, outre l'Alsace et la Lorraine, bien entendu, la Flandre, une partie de la Champagne, ce qui nous reste de la Lorraine, une partie de la Bourgogne et de la Franche-Comté.

Ces deux messieurs sont dépassés par un autre « Doctor », le major Hermann von Pfister, professeur à la Haute Ecole technique de Darmstadt. Avec celui-ci, le style cesse d'être relativement parlementaire pour devenir si grotesquement grossier que l'irritation fait place à une sorte de gaîté. De son ouvrage : « Configuration des frontières de l'Empire allemand à l'ouest et au sud après la prochaine guerre franco-allemande. Une indication de notre droit millénaire. Berlin. Adolf Reinecke. 1877, » nous nous bornerons à une seule citation :

« Commençons par regarder vers l'ouest, comme entrant d'abord en question dans la situation actuelle.

» Toute cette magnifique force de notre peuple que nous avons versée au loin sur les pays, mais surtout sur la Gaule, devrait-elle donc être complètement perdue pour toujours ? Ne s'offrirait-il aucune possibilité de la recouvrer au moins en partie ? Dans toute vie française, il y a environ 30 o/o de notre race qui, autrefois conquérante de la masse gallo-romaine, s'est maintenant fusionnée bien davantage et nous est devenue ennemie à nous-mêmes. Il nous demeure éternellement interdit de retirer de là notre sang par la voie de séparation des sèves, mais ces 30 o/o signifient pour nous en chiffres ronds 25 départements.

» Mais si nous ne pouvons trouver quelques compensations de notre perte populaire que dans une race mêlée le long de la frontière, il faut penser que là se sont fixés le plus d'émigrés allemands. Et serait-ce trop injuste dans toutes ces conditions et à tous les points de vue que nous revendiquions seulement sept départements qui ont appartenu pendant des siècles à l'empire allemand, notamment aussi au temps des Hohenstaufen et jusqu'au XVIIe siècle? C'est avant tout le département du Nord dont la moitié dans le Westerbant parle bas-allemand, avec la pointe wallonne du département des Ardennes. En outre se recommande la reconstitution d'un duché de Lorraine français formé des trois départements de la Meurthe (Mörthe), de la Meuse (Maas) et des Vosges (Wasichen), tel qu'il existait jusqu'en 1766... Ensuite, il faudrait rétablir la vieille Franche-Comté par les trois départements de la Haute-Saône (Hochsohne), du Doubs (Dubs), du Jura, en comté particulier. Il faudrait avoir en vue, en fondant ces deux Etats, dont les capitales seraient Nancy et Besançon, le cas où la France, malgré les conditions plus modestes, infiniment plus douces, qui lui ont été imposées par le vainqueur de 1871, ne voudrait pas se tenir tranquille et continuerait encore après, défiant toute raison, son affreux et effronté hurlement de vengeance. »

Avec une armée de professeurs de cette sorte, pétrissant depuis un demi-siècle les cerveaux des jeunes générations, on s'explique le degré d'arrogance et de folie auquel sont arrivés les Allemands d'aujourd'hui. Les docteurs que nous avons cités s'adressent à l'enseignement secondaire et supérieur. Si nous avions la place pour analyser les livres destinés à l'enseignement primaire, on verrait qu'ils sont inspirés par le même esprit.

Spéculant sur notre insouciance et notre légendaire ignorance des choses de l'étranger, tout Allemand auquel on parle de la pédagogie d'outre-Rhin proteste avec de grands éclats douloureux et affirme que l'école allemande n'enseigne pas la haine de la France. Il croit pouvoir mentir en toute sûreté, comptant qu'on ne se donnera pas la peine de rechercher et de fouiller dans ses livres de classe. C'est pour nous retirer autant que possible les moyens d'information, qu'il s'est bien gardé, à notre exposition universelle de 1900, de figurer dans la section où était réuni ce qui concerne l'éducation de l'enfant, l'enseignement primaire, l'enseignement des adultes. Toutes les nations civilisées y avaient largement pris part.

Seuls n'avaient rien présenté au jury : la Chine, la Corée, Monaco, le Pérou et... l'Allemagne.

Voici le passage du rapport officiel du jury qui établit cette significative abstention :

« Très largement représentée dans la plupart des groupes à l'Exposition de 1900, l'Allemagne n'a envoyé aucun spécimen de ses œuvres d'enseignement. Dans son pavillon de la rue des Nations, on pouvait, en consultant les publications artistiques et classiques, recueillir quelques indications sur l'enseignement du dessin. Le seul document statistique scolaire que nous ayons trouvé, est relatif aux illettrés. A l'âge de vingt ans, la proportion ne dépasse pas un pour cent. »

Quelqu'absurde que cela puisse paraître aux « esprits libérés » de chez nous qui nous prêchent l'amour de l'Allemagne, il faut dire et redire sans craindre les haussements d'épaules et les ironies, que le véritable « homme allemand » n'a pas encore renoncé à son rêve de domination universelle. Mais, très pratique, très rusé, très dissimulé, il sait aussi qu'il doit se garder d'avouer. Il n'est pas pressé, procédera méthodiquement en « sériant » les questions, et se contente pour l'instant d'interrompre la prescription, suivant en cela les leçons d'un illustre ancêtre, Leibnitz, le précurseur du pangermanisme, prêchant « qu'il fallait conserver pour des temps meilleurs les droits de l'Allemagne sur toutes ses anciennes dépendances ». Et ces anciennes dépendances, d'après lui, c'était la Provence, le Dauphiné, le Lyonnais, toute la rive gauche du Rhône, la Bourgogne, la Lorraine, l'Alsace.

Il est une dernière parole allemande qui achèvera de fixer nos lecteurs sur les pensées de derrière la tête du patriote allemand. Elle fut formulée par le maréchal de Moltke. Personne, supposons-nous, ne considérera ce Prussien comme une individualité négligeable. « En droit historique, tout ce que la France a acquis sur sa frontière de l'Est depuis le XIIIe siècle est un vol fait à l'Allemagne. »

Nous voilà un peu loin des sept pauvres départements dont se serait contenté le professeur von Pfister. Mais un maréchal a le droit d'être plus exigeant qu'un simple major.

(La Gazette du Rhin et de Westphalie, 16 juin 1913.)

(2) L'organe des pangermanistes n'a pas craint de faire entendre une note désagréable dans le concert de louanges enthousiastes provoqué dans la presse allemande par les fêtes du jubilé de Guillaume II.

Elle excuse cependant l'amertume de ses critiques par son « surimpérialisme » (überkaiserlich). L'empereur ne serait pas assez soucieux de ses droits et de ceux de son pays.

« Quel énorme accroissement de puissance, la Prusse aurait conquis dans l'empire et par suite l'Empire en Europe, si le Brunswick et l'Alsace-Lorraine avaient été en toute éternité annexés à la couronne prussienne ! C'était là une occasion que n'eût pas laissé échappé Guillaume Ier, ce politicien réaliste qui voulait s'emparer de Leipzig, d'Ansbach et de Baireuth parce qu'il savait que la force ne s'appuie pas sur de courtes vagues de sentimentalité, mais sur les grands pays, les grandes masses populaires et la puissance des armes.

» Dans ces questions, comme dans d'autres encore où notre empereur s'est laissé guider par une fantaisie chevaleresquement gracieuse et par le plaisir de faire des dons princiers, nous nous sommes opposés à ses actes et nous avons la conscience d'être en cela ses amis les plus solides et les plus désintéressés... Le Maroc valait une guerre ; Scutari, non ; car le Maroc tombait sous la domination de l'empereur, et par lui, sous celle du peuple. L'augmentation de sa puissance et de la nôtre jusqu'à ce que l'ancien empire germanique soit de nouveau complet, voilà ce que nous lui souhaitions aujourd'hui, à lui et à nous. La puissance impériale et la puissance nationale ne font qu'un. Il n'y a pas de grand peuple sans grand empereur. Les peuples et les empires reculent ensemble. On ne saurait piétiner sur place, la Chine elle-même s'agite. Depuis quinze ans, nous disons que le Serenissimus disparaît et que la royauté de par la grâce de Dieu ne tiendra plus un siècle. Les socialistes ne sont pas seuls à l'ébranler. Les 25 premières années du règne de Guillaume II ont accumulé des forces. Vive le Guillaume II des 25 années futures qui utilisera ces forces pour le bien de son peuple. »

(3) Depuis les philosophes du XVIIIe siècle, il s'est fait et se continue un travail si habile et si persévérant pour nous tromper sur la véritable Allemagne que nous, Français qui, à travers les siècles, avons eu tant à souffrir de l' « ennemi héréditaire », en sommes arrivés à considérer les Germains comme nos amis les plus sûrs, nos alliés les plus naturels. Partout ailleurs on commence à les juger exactement et les Allemands ont, depuis quelques années, renoncé à tromper l'opinion publique. Au lendemain de leur triomphe, déjà, ils ont compris qu'un coin de leur masque de braves gens était soulevé et qu'on ne tarderait plus longtemps à connaître leur véritable visage. Aujourd'hui, beaucoup savent à quoi s'en tenir sur la douce et honnête Allemagne. Même les Allemands en conviennent. C'est quelques-uns de ces aveux que nous reproduisons ici :

« L'Allemagne, depuis ses guerres, s'est fait craindre et estimer, sans doute, mais elle n'est point aimée. »
Maréchal de Moltke, au Reichstag, février 1874.

« A l'étranger, les Allemands veulent se faire remarquer en parlant haut et en ayant l'air très renseignés sur les choses qu'en réalité ils ne connaissent pas. Ces tendances se font remarquer particulièrement dans les pays où l'Allemand ne se croit pas obligé d'être humble, notamment en Danemark, en Suède, en Italie, et depuis quelque temps aussi en France... Dans les endroits publics à l'étranger, restaurants, cafés, etc., les Allemands bruyants font des gamineries stupides, se croient très intéressants et ne sont que très mal élevés, se rendent odieux aux autres consommateurs. Ils sont grisés par le voyage et le fait de se trouver à l'étranger. Les Allemands à l'étranger se promènent trop souvent en chemise de flanelle et souvent sans cravate. »
(Extrait d'un article du professeur Ed. Heyck dans l'*Echo* du 24 mai 1906.)

« Si nous considérons les relations internationales, nous ne savons que trop que l'horizon est chargé de nuages noirs ; nos progrès économiques ont éveillé l'envie autour de nous ; aucun peuple n'est haï comme le peuple allemand ; nous nous trouvons en face d'une multitude d'envieux et d'ennemis. »
(Discours du baron de Wangenheim, président de la Ligue de l'Agriculture, février 1907.)

« Il est très vrai que nous sommes entourés de difficultés et de dangers. Personne ne sait mieux que moi que ce sont nos compagnons assidus. »
Le chancelier prince de Bulow au Reichstag, 1er mai 1907.

M. François de Tessan dans *La Liberté* de mai 1910 rend compte d'un article que Mme Kate Schirmacher, notable femme de lettres allemande, publia dans la *Pariser Zeitung*. Cette dame se demande pourquoi l'Allemagne est si peu aimée.

« Les nations qui ne la détestent pas sont celles qui sont trop loin pour se heurter et connaître l'âpreté du *struggle for life*, celles qui sympathisent par intérêt commun, par haines semblables, celles qui sont neutres, faibles et insignifiantes et reçoivent les sourires de commisération des grands Etats, enfin, celles qui sont aimables par tempérament, accueillantes, vouées aux arts et à la liberté.

» En dehors de cela, il n'y a que pays en lutte et l'empire allemand, revisé par le traité de Francfort, n'est pas aimé à l'étranger. Il est trop vaste, trop vigoureux, trop sûr de sa destinée, pour ne pas s'attirer l'antipathie générale, comme un arbre puissant qui étend ses ramures si généreusement que ses voisins ont peur de cette générosité.

» La Suisse, le Luxembourg, la Belgique, la Hollande, inquiets de cette expansion, ne sont pas « affectueux ».

» Les causes sentimentales éloignent de l'Allemagne comme les causes politiques. Le caporalisme étroit, le parlementarisme restreint du nouvel empire contrastent trop avec l'idéal démocratique que la révolution française a semé parmi les nations modernes. L'Allemagne, occupée à se tenir prête pour la guerre, n'a pas le temps de développer les rêves humanitaires. « Il est tout naturel que l'idéal politique des autres peuples, des anciennes grandes puissances, des Etats neutres, des petits pays, ait peu de retentissement et ne nous porte pas à l'imitation. Nous vivons dans un autre milieu, nous nous créons d'autres devoirs, nous sommes d'autres gens. Les étrangers ne voient pas cela ou ne veulent pas le voir. Ils nous traitent d'arriérés et de barbares, et ils auraient grand plaisir si nous consentions à nous laisser ruiner par cette critique... »

Mme Schirmacher s'irrite de la distinction qu'on voudrait établir entre la Prusse et le reste de l'Empire. On a réussi à représenter l'Allemagne du sud et de l'ouest comme victime de l'Allemagne du nord et de l'est. « Il y a par exemple des Allemands qui se font passer pour Autrichiens, afin d'être traités avec plus de bienveillance par les étrangers. Les Allemands du sud et de l'ouest passent pour plus sympathiques, pour plus légers, plus gais, plus complaisants. Ceux du nord et de l'est doivent subir des jugements désobligeants. Ils sont lourds, sans goût, sans talent, ambitieux, prétentieux, grossiers, dominateurs. »

« Que nous importe au fond d'être aimés, si l'on nous craint. Savoir se faire respecter, voilà l'essentiel. L'Allemagne n'arrivera jamais à se faire aimer dans les conditions actuelles. Tout ce que l'Allemagne peut demander, c'est l'estime ; rien de plus, car l'estime générale s'acquiert lorsqu'on a derrière soi de gros bataillons. »

Mme Kate Schirmacher.

« Si, à l'heure qu'il est, nous passons en revue tous les peuples grands et petits qui vivent à la surface du globe, et si nous nous demandons ce qu'ils pensent de nous, il est hors de doute que la réponse a de quoi nous affliger. Il n'y a peut-être pas une nation qui soit moins aimée que nous le sommes ; même nos côtés incontestablement bons sont reconnus de mauvaise grâce, ou simplement ignorés. »

(Professeur Georges Steinhausen. Etude sur la situation de l'Allemagne en Europe... *Deutsche Rundschau*, décembre 1909, janvier 1910.)

« L'Allemagne ne rencontre guère de sympathie même en Italie et au Japon. Il faut en chercher la raison d'une part dans l'augmentation de la puissance allemande, d'autre part dans une série de défauts particuliers à de nombreux Allemands, tels qu'une susceptibilité exagérée, un orgueil toujours grandissant de parvenu, la tendance à se croire énergiques alors qu'ils ne sont que raides et brutaux. »

(Prince héritier de Hohenlohe-Langenburg, ancien vice-président du Reichstag. Article paru dans la *Deutsche Revue* de Berlin, 1912.)

« Quant au ton arrogant, aux allures malencontreuses suffisamment connues des Allemands, qui font que, malgré leurs excellentes qualités, ils n'ont, à l'exception de nous autres Autrichiens, aucun ami sur la terre, ils sont particulièrement déplacés lorsqu'il s'agit de notre marine qui, sous les rapports de l'instruction, de la capacité et de la valeur guerrière, ne le cède en rien à la flotte allemande. »

(Amiral Chiari, article dans la *Dänzers Armée Zeitung*, de Vienne.)

Un résultat est donc aujourd'hui bien acquis : l'Allemagne est enfermée dans un cercle de haines, mais les Allemands s'imaginent encore inspirer de l' « estime », grâce à leur force. En effet, en France et ailleurs, on trouve encore des gens qui croient à la vieille légende d'une Allemagne bonhomme, loyale, vertueuse, fanatique de justice, d'équité... Cette légende reste à détruire définitivement. Lorsqu'on aura réussi à montrer à tous combien l'Allemagne est indigne de cette « estime » à laquelle prétendait le maréchal de Moltke, combien elle mérite autant de dégoût que de haine, lorsqu'il ne lui restera plus que la crainte pour imposer son despotisme et son oppression, nous serons bien près de voir luire enfin le jour de l'expiation.

CHAPITRE II

Le Kronprinz écrivain politique et chef de l'opposition pangermaniste.

Toute la presse française a publié quelques phrases extraites de la préface écrite par le kronprinz Guillaume pour l'album *L'Allemagne en armes.* Mais ces fragments très courts ne pouvaient donner qu'une vague idée de cette espèce de manifeste.

Quand on le lit en entier dans le texte, on est frappé de sa banalité, même de sa platitude. « Le style, c'est l'homme, » disait Buffon. Et vraiment, ces phrases filandreuses, juxtaposition des clichés les plus répandus, des lieux communs à l'usage des manuels scolaires, ces phrases quelconques sont bien le langage de ce long et maigre jeune homme aux pâles cheveux poméraniens, aux yeux bleu déteint — les « vides yeux bleus allemands », dont parle Nietzsche, — au visage reproduisant ce type incolore des maigres adolescents prussiens, tous taillés, semble-t-il, sur le même modèle.

En lisant cette littérature d'Altesse, on songe involontairement à la narquoise épigramme de certains Alsaciens qui disent, en parlant des fils de l'Empereur : « Il paraît que le quatrième est intelligent. »

Voici, par exemple, un passage qui est un simple démarquage des géographes populaires allemands Hummel et Daniel :

« Plus que d'autres pays, notre patrie est obligée de se fier à sa bonne défense. Mal protégé par des limites géographiques défavorables, placé au centre de l'Europe, l'empire allemand n'est pas observé avec amour par toutes les nations et a, plus que tous les autres de notre vieille terre, le devoir sacré de maintenir toujours son armée et sa flotte au plus haut degré d'entraînement. Seulement ainsi, appuyés sur notre bonne épée, nous pouvons conserver la place au soleil qui nous revient, mais qui ne nous est pas accordée volontairement. »

Suit l'inévitable souvenir des vieux Germains, puis des héros prussiens, le Grand Electeur, Frédéric le Grand et Guillaume Ier. « Nous devons conserver ce sens guerrier, fidèle et fier, et le transmettre à nos descendants comme un héritage sacré. »

La suite est plus intéressante :

« Nous vivons, il est vrai, en un temps qui insiste avec une satisfaction particulière sur le fier degré de sa culture, qui ne vante que trop volontiers l'internationalisme des citoyens du monde et qui se complaît dans des rêvasseries sur la possibilité d'une paix mondiale éternelle. Cette conception de la vie est anti-allemande et ne nous sied pas. L'Allemand qui aime son peuple, qui croit à l'avenir et à la grandeur de notre patrie et qui ne veut pas voir jamais sa considération diminuée, n'a pas le droit de fermer les yeux pour de telles rêveries, n'a pas le droit de se laisser bercer pour un sommeil paresseux par la chanson pacifiste des utopistes. »

Le prince entre ensuite dans des considérations sur l'essor industriel et commercial de l'Allemagne depuis 1871 et sur le bien-être matériel qui en est résulté. Il déplore qu'aujourd'hui, dans son pays, on estime moins les individus d'après leur valeur morale ou intellectuelle que d'après leur fortune. On en arrive ainsi à tolérer en silence des choses que l'on eût condamnées autrefois. « L'ancien idéal, même la considération et l'honneur de la nation peuvent être compromis, car pour gagner de l'argent sans être troublé, il faut la paix, la paix à tout prix (1). »

Pour ne pas risquer de sombrer dans ce souci mercantile, il faut donc renouer les traditions de simplicité des aïeux, non pas renoncer à ce que le confort moderne a créé d'agréable, mais « savoir jeter gaiement le superflu dans un coin quand l'empereur nous appellera et que nous devrons avoir les mains libres pour tenir l'épée ».

Ici non plus, Son Altesse ne peut résister à la tentation de recourir une fois encore à un cliché et de parler du « fil rouge » que tous les écrivains allemands se plaisent à dérouler dans leur écriture désespérément uniforme : « Quand nous étudions les pages de l'histoire, *il faut* (c'est l'auteur qui souligne) que nous le reconnaissions : comme un fil rouge on suit l'enseignement de la nécessité de l'activité guerrière d'un peuple. Même de fortes et grandes nations durent abandonner leurs places privilégiées, longtemps conservées, lorsque la culture des vertus guerrières eut cédé la place à la tendance au bien-vivre, et lorsque des peuples plus frais et plus actifs, utilisant à point leur avantage, parurent sur le théâtre de la lutte. »

Le futur empereur reconnaît que la diplomatie peut quelquefois empêcher les conflits ; il concède que « l'incendie gigantesque, une fois allumé, ne pourra être facilement ni rapidement éteint, mais l'épée est et restera jusqu'à la fin du monde le facteur décisif ».

Il faut donc que tous ceux qui aiment leur patrie et « croient au grand avenir de notre peuple, collaborent joyeusement pour leur part à ce que le vieil esprit militaire de nos pères ne se perde pas, ne soit pas contaminé par la pâleur de la pensée ». Il faut que tous s'entraînent et se tiennent prêts. Quand l'empereur appellera, personne ne s'appartiendra plus ; tous seront tout entiers à la patrie et devront avoir « cette volonté de vaincre qui ne fut jamais sans succès dans l'histoire ».

« Si tout le peuple allemand est ainsi résolu à sacrifier

joyeusement son bien et sa vie, le monde pourra être plein de diables et se lever en armes contre nous, nous en viendrons bien à bout, quel que soit le péril (1). »

Et il conclut par une citation d'Emmanuel Geibel : « Et si rien ne nous restait plus, il nous restait encore une épée, qui, pleine de colère, à coups aigus, nous défend contre l'attaque de l'étranger.

» Ainsi la bataille restait le dernier tribunal à la vie et à la mort, et si le péril ne rompt pas le fer, le fer rompt le péril. »

On le voit, il était quelque peu exagéré de parler, comme on l'a fait dans certains journaux, d'un « hymne au glaive ». Cette expression pompeuse ne saurait s'appliquer à l'honnête prose du prince, prose qui n'est pas sans prétention, mais qui serait sans portée et sans intérêt si elle émanait d'une plume moins « haute », comme disent les byzantins allemands. Elle ne s'applique pas davantage aux piètres vers de Geibel qui semblent, eux aussi, évadés de quelque livre de lecture à l'usage des écoles primaires germaniques.

Dans l'article suivant, que le kronprinz consacre à la « Garde du Corps », il y a un peu plus de couleur, bien que son petit historique, illustré de quelques détails anecdotiques, soit plutôt insignifiant. A signaler seulement un petit tableau assez bien venu de la charge, où s'exprime l'amour du cavalier et du soldat pour son métier :

« Celui qui a chevauché dans une telle attaque ne connaît rien de plus beau au monde. Et pourtant, il y a, pour le véritable cavalier, quelque chose de plus beau encore : quand tout cela est pareil, mais qu'à la fin de la course rapide, l'ennemi chevauche vers nous, et que commence le combat pour lequel nous sommes exercés et élevés, le combat à la vie et à la mort. Que de fois, dans une pareille attaque, mon oreille a saisi le cri de désir d'un camarade chargeant : « Tonnerre ! si c'était pour de bon ! »... Esprit de cavalier ! Tous ceux qui sont de véritables soldats doivent le sentir et le savoir : *Dulce et decorum est pro patria mori !* »

Sans doute, littérairement, ces deux articles sont médiocres. Politiquement, on peut soutenir qu'ils ne sont que l'expression de sentiments louables, l'appel au patriotisme, à la bravoure, au sacrifice pour le pays et pour l'empereur, et que ces sentiments sont tout naturels chez un jeune prince qui brûle du désir de se distinguer par quelque action d'éclat.

Mais quand ce jeune prince est l'empereur de demain, ses moindres paroles, ses moindres gestes prennent une importance, une portée toute particulière.

Les pages que nous venons d'analyser et de traduire en partie sont animées d'un incontestable esprit belliqueux. Il y a là, évidemment, une attitude voulue et calculée, équivalent à une profession de foi. Le jeune Frédéric-Guillaume témoigne ouvertement qu'il est d'accord avec les pangermanistes, soit que son penchant naturel le porte vers eux, soit que, prenant le vent et ménageant d'avance sa popularité de futur empereur, il sente que cette façon d'agir lui gagnera la grande majorité de son peuple.

Peut-être aussi s'est-il laissé circonvenir par des conseillers intéressés à se servir de lui et à l'opposer à l'empereur à qui les pangermanistes, nous l'avons indiqué dans le précédent chapitre, reprochent sa prudence, ses hésitations et ses reculs au moment où l'on croit qu'il va risquer la formidable aventure.

Il est dans la tradition que les partis, escomptant la disparition du souverain déjà âgé, essayent de s'emparer de l'esprit de son jeune successeur et de lui inspirer ses projets politiques. Le kronprinz a pris le rôle frondeur de l'héritier impatient de réparer, quand il sera le maître, les fautes qu'il ne peut empêcher aujourd'hui. Cette jeune force qui se lève et semble si décidée à intervenir avec éclat dans la vie publique allemande sera très intéressante à suivre dans ses manifestations ultérieures.

En effet, chaque fois que le kronprinz sort de la réserve que lui impose son rôle effacé, c'est pour manifester des sentiments que les Allemands appellent chauvinisme lorsqu'ils les relèvent chez d'autres nations, particulièrement en France.

Deux de ces manifestations surtout ont provoqué en Allemagne la plus vive émotion.

Le 9 novembre 1911, tandis que le Reichstag discutait l'accord franco-allemand relatif à la cession du Congo, le kronprinz, en uniforme de colonel des hussards de la mort, entra dans la loge impériale où se trouvaient déjà son frère et sa belle-sœur, le prince et la princesse Auguste-Guillaume.

Pendant toute la séance, il ne cessa d'applaudir les orateurs qui reprochaient au chancelier son inaction ou son manque d'énergie, soulignant particulièrement cette phrase du discours de M. Herting, député du centre : « Les assurances des sentiments pacifiques faites par l'Allemagne ont été considérées à l'étranger comme des actes de faiblesse ».

Puis M. Heidebrandt, conservateur, ayant prononcé cette phrase : « Il aurait fallu tirer le glaive et alors la nation allemande tout entière aurait versé son sang plutôt que de céder », le kronprinz gesticulant, frappa de ses mains gantées de blanc le rebord de la tribune, tandis que toute la loge impériale applaudissait comme lui. Il applaudit encore tous les passages du même orateur dirigés contre l'Angleterre, la véritable ennemie, toujours prête à s'opposer aux progrès du peuple allemand. L'incident produisit une sensation profonde.

« Le kronprinz, écrit *le Nouvelliste d'Alsace-Lorraine*, s'associait d'une façon très visible et très significative à ces démonstrations contre le chancelier. Il « se gondolait » quand on lui lançait une pointe et applaudissait à chaque tirade dirigée contre l'Angleterre... Je laisse à penser quelle impression ces démonstrations ont faite sur le Reichstag et dans le public : un membre de la famille impériale, un colonel de l'armée active, prenant quatre jours de congé pour manifester publiquement contre le représentant officiel, contre l'inspirateur de la politique impériale, cela ne s'est encore vu dans aucune nation. Louis XIV aurait mis à la Bastille un prince du sang qui se serait permis une pareille algarade. »

Les journaux allemands se séparèrent en deux camps : les officieux et les modérés blâmèrent nettement le prince héritier, tandis que les pangermanistes le louaient sans réserves.

Parmi les premiers, le *Berliner Tageblatt* disait : « Le spectacle qui s'est déroulé cette après-midi dans la loge de la cour nous paraît au plus haut point regrettable. Il vaut mieux empêcher à l'avenir la répétition de pareille scène : chaque fois qu'un orateur à la tribune prononçait une phrase contre le chancelier de l'empire, chaque fois qu'un orateur faisait appel au glaive allemand (contre la France), soit qu'il parlât du glaive sauveur, soit qu'il tonnât contre l'Angleterre, le kronprinz, avec un sans-gêne complet, manifestait son assentiment ; tantôt il applaudissait, tantôt il approuvait de la tête d'un air enthousiaste, tantôt il semblait dire d'un geste de la main : « Voilà qui est bien, c'est ainsi qu'il faut parler ! »

Au contraire, la pangermaniste *Post*, s'écrie : « L'héritier du trône sent comme nous. Ce fut bien un spectacle réjouissant après les tristes jours de novembre. Nous recommençons à croire à un nouveau printemps où nous verrons grandir des hommes nouveaux ».

L'empereur fit-il à son fils, comme on le prétendit, de graves reproches et le renvoya-t-il à son régiment après l'avoir obligé à faire des excuses à M. de Bethmann-Hollweg ? Décida-t-il que le prince n'assisterait plus aux séances du Parlement ? Là n'est pas la question : le fait important est que le kronprinz avait manifesté ostensiblement, publiquement des sentiments belliqueux, une vive animosité envers la France et l'Angleterre, et que, s'il désapprouvait la politique allemande, c'était parce qu'il la jugeait trop prudente et trop modérée. Les pangermanistes avaient trouvé leur homme.

Après un an et demi de silence, le prince, qui s'était borné dans cet intervalle à publier des récits de chasse, se consolant mal de ne pas avoir devant lui un gibier humain, sortit de son mutisme (avril 1913) pour une nouvelle manifestation littéraire, la publication de cet album (*l'Allemagne en armes*) que nous avons analysé au commencement de ce chapitre.

Puis au mois de juin de cette même année 1913, au moment du jubilé de son impérial père, il fit interdire par la municipalité de Breslau la pièce de Gerhardt Hauptmann, « 1813 », parce qu'elle ne représentait pas les « guerres de délivrance » sous un jour assez favorable à l'Allemagne, et qu'elle glorifiait trop Napoléon. On se rappelle le bruit que fit cette interdiction.

Les pangermanistes s'emparèrent de cet incident comme des précédents pour opposer le kronprinz, son énergie, son patriotisme ombrageux, son « fier sentiment national » à l'inertie qu'ils prétendent trouver chez l'empereur. Le prince héritier ne devait pas tarder à leur donner une nouvelle et beaucoup plus sensationnelle occasion de se réjouir.

Le 16 octobre 1913, le journal pangermaniste les *Leipziger Neueste Nachrichten* publiait une lettre du kronprinz protestant contre l'élévation au trône de Brunswick de son beau-frère, le grand-duc Ernest-Auguste, fils du duc de Cumberland, dont le père fut dépossédé du trône de Hanovre par la Prusse en 1866 (2).

Le grand-duc Ernest-Auguste, pour être reconnu souverain de ce pays, avait bien déclaré solennellement accepter la constitution de l'empire dont l'article 6 établit que le Hanovre appartient à la Prusse et, comme officier prussien, il avait, sur le drapeau, juré fidélité à l'empereur ; mais il n'avait pas spécialement, expressément renoncé à ses droits de légitime héritier de la couronne de Hanovre. On pouvait donc avoir quelque inquiétude sur ses intentions secrètes dans le cas, fort possible, où l'avenir lui ménagerait des occasions favorables.

Le kronprinz était d'autant plus en droit de se méfier que l'histoire de sa maison lui fournissait pas mal d'exemples d'engagements solennels déchirés au nom de la raison d'Etat. Le héros de la famille, Frédéric le Grand, affirma le droit du prince de manquer à sa parole quand le bien de ses sujets l'exigeait, le prince étant d'ailleurs seul juge de cette nécessité. Ce qu'un roi de Prusse pouvait faire, un roi de Hanovre, — quoique dépossédé — ne pouvait-il le tenter aussi bien ?

Le kronprinz se montrait donc dépositaire intelligent des vieilles traditions de duplicité prussienne en prévoyant une trahison possible chez un adversaire spolié, et avait quelque raison de vouloir multiplier les précautions en imposant les engagements les plus précis.

Mais sa bruyante manifestation était inconstitutionnelle, irrespectueuse et maladroite. Non seulement il froissa l'empereur, son père, mais exaspéra l'opinion publique. Soutenu par les seuls pangermanistes, il dut plier devant la volonté impériale et paternelle, et s'excuser en mettant la publication de sa lettre sur le compte d'une coupable indiscrétion de journaliste. Mieux eût valu pour lui s'incliner en silence, car le journaliste, ne voulant pas rester sous le coup de cette imputation, protesta nettement, et de toute cette histoire, il ressort qu'après avoir suspecté hautement la loyauté d'un prince allemand, membre de sa famille, le kronprinz, pour excuser sa fausse manœuvre, se crut obligé de mentir publiquement.

Fâcheux débuts pour un futur empereur, et qui nous permet d'espérer d'autres maladresses dont les opprimés de l'Allemagne pourront un jour tirer bon parti.

En attendant, nous devons remarquer l'attitude frondeuse de l'héritier du trône impérial. Il semble que l'on voie se dessiner le début d'un drame à la fois familial et politique dont l'intérêt serait d'autant plus poignant qu'il répéterait, à trente ans d'intervalle, une situation à peu près identique. Par un juste retour des choses d'ici-bas, allons-nous voir s'élever le jeune Frédéric-Guillaume contre ce même Guillaume II qui autrefois était si pressé de ceindre la couronne qu'il prétendait chasser du trône son père agonisant, et ne renonçait à son dessein que devant l'énergique résistance de sa mère ?

Le fils est-il désigné pour châtier Guillaume II de son odieuse conduite envers son père ? Cette tragédie continuerait bien les traditions de cette épouvantable maison de Hohenzollern, si riche en turpitudes de tout genre.

NOTES

(1) Les Allemands se donnent comme les instruments sur la terre de la volonté de Dieu. Naturellement, tous ceux qui se dressent devant eux et se permettent de ne pas être de leur avis sont des suppôts de l'enfer.

Deux strophes d'une poésie de leur poète Geibel, écrite en 1870 sous le titre *Le trois septembre* 1870, sont un excellent échantillon de la littérature qu'inspire ce singulier état d'esprit, état d'esprit dont nous venons de voir le kronprinz animé lui aussi :

« Du fond de l'occident, le monstre arriva pour fonder son empire dans le sang et dans l'horreur. Ligué avec toutes les puissances de l'enfer, il jurait d'asservir le monde. L'ennemi héréditaire poussait des menaces terribles.

» Des bords du Rhin avec des escadrons allemands, le héros de la Marche partit, pieux et fort. Les bannières flottaient au vent, et dans les nuages, les chérubins planaient sur sa tête. Gloire à Dieu au plus haut des cieux. »

On le voit, l'Allemagne est une sorte de prolongement du paradis du bon Dieu qui devient un camarade, un vieil ami de l'empereur. Les chérubins emboîtent le pas à ses tambours et les guerriers allemands, « pieux et forts », sont chargés de plus de vertus encore que de lauriers.

Quant à la France, elle sort de l'enfer. C'est un monstre que tous les diables accompagnent, qui veut asservir la terre, se baigner dans le sang et dans l'horreur. Le monde ne connaîtra la paix et le bonheur que lorsqu'elle aura été rayée de la liste des nations.

Ces niaiseries font penser au mot de Napoléon Ier : « Il y a toujours quelque chose de bête chez l'Allemand ».

NOTES SUR LE DIFFÉREND HOHENZOLLERN-CUMBERLAND.

(2) En 1866, la Prusse s'empare à main armée non seulement des Etats du roi de Hanovre, mais aussi de ses biens. La liquidation en produit près de deux cents millions, dont les revenus sont employés à solder l'espionnage, la trahison et autres besognes d'équivalente nature. Du temps de Bismarck, son créateur, cette caisse était appelée le « fonds des reptiles ».

En 1878, mort de Georges V, roi de Hanovre. Son fils, le duc Ernest-Auguste de Cumberland, né en 1845, jure à son père mourant de maintenir toujours contre la Prusse les revendications de la maison de Hanovre.

En 1884, mort du duc de Brunswick. Par droit de parenté, le duc de Cumberland devrait recueillir sa succession. Mais Bismarck s'y opposa, et le prince Albert de Prusse est nommé régent de Brunswick en vertu d'une décision prise par le Conseil fédéral (Bundesrat), le 2 juillet 1885.

En 1903, Guillaume II, dans la touchante intention de réparer les injustices du passé, imagine un moyen de restituer l'argent « gagné » jadis par son « inoubliable grand-père », tout en le faisant entrer dans le patrimoine familial. Il offre au duc de Cumberland, héritier du roi de Hanovre, de lui faire rendre le duché de Brunswick, avec ce qui reste de la fortune paternelle fortement ébréchée, et pour que les dernières amertumes soient oubliées, il demande pour son fils aîné, le kronprinz Frédéric-Guillaume, n'importe laquelle des filles du duc de Cumberland, à condition que celui-ci mette dans la corbeille de mariage de sa fille les millions restitués par l'Etat. Malheureusement le duc, appréciant mal ces nobles intentions, refuse les propositions de Guillaume II qui doit renoncer ainsi à augmenter de ce superbe apanage la fortune déjà considérable de sa famille.

Malgré cet échec, l'empereur ne désespère pas de trouver un terrain d'entente avec les Cumberland. Ses avances étant accueillies très fraîchement, le gouvernement impérial se résout à nier toutes négociations. Une dépêche de Berlin à la *Gazette de Cologne*, le 27 septembre 1904, déclare « qu'en lieu autorisé, personne ne pense à entrer dans des négociations du genre de celles dont on parle dans les cercles guelfes, et qu'il ne vaut guère la peine de s'occuper sérieusement de pareilles illusions. D'ailleurs ces bruits (reconstitution du duché de Brunswick avec augmentation de territoire) ne font que prouver l'impossibilité de donner place à la famille guelfe parmi les membres de la Confédération allemande ».

Le 6 juin 1905, le kronprinz qui n'avait pu épouser une des filles du duc de Cumberland, épouse leur belle-sœur, la princesse Cécile-Augustine-Marie de Mecklembourg-Schwerin, seconde sœur de Frédéric-François IV de Mecklembourg-Schwerin. Devenu grand-duc régnant en 1901, celui-ci est l'époux d'une des filles du duc de Cumberland, la princesse Alexandra.

En septembre 1906, mort du prince Albert de Prusse, régent de Brunswick.

Le 25 septembre 1906, la Diète de Brunswick adopte à l'unanimité et sans débats une résolution par laquelle elle exprime le désir de la population de voir la situation provisoire actuelle prendre fin. La Diète demande que des démarches soient faites pour arriver à une entente entre la couronne de Prusse et la ligne cadette de la maison de Brunswick.

Le 2 octobre 1906, le duc de Cumberland écrit à l'empereur, offrant de renoncer formellement pour lui-même et pour son fils aîné au trône de Brunswick dès qu'il aura la certitude que la prise de possession de ce trône par son plus jeune fils, qui est majeur, ne rencontrera pas d'obstacle. Le duc se réserve pourtant, en cas d'extinction de la ligne de ce plus jeune fils, le droit de succession pour lui-même et pour son fils aîné.

Le 3 octobre, le prince de Bulow, chancelier de l'empire, répond au ministère brunswickois que le gouvernement prussien partage l'opinion du Conseil fédéral déclarant le 2 juillet 1885 que le règne du duc de Cumberland est incompatible avec les principes fondamentaux des traités d'union et de la constitution de l'empire.

Le 6 octobre 1906, par une lettre au duc de Cumberland, l'empereur repousse sa demande en se basant sur la décision du Conseil fédéral de 1885.

Des manifestations nombreuses ont lieu dans le Brunswick pour appuyer la déclaration du Landtag. Des adresses sont envoyées au duc de Cumberland, l'assurant de la fidélité des habitants. On publie un appel aux princes et aux villes libres d'Allemagne, « proclamant les droits indiscutables de la vieille famille ducale ». S'adressant au roi de Prusse, l'appel dit : « Le duc de Cumberland est disposé à remplir tous les devoirs qu'ont à remplir envers toi les princes confédérés. Jamais il ne cherchera à reconquérir la couronne de Hanovre. Il garde seulement l'espoir que Dieu inspirera un jour à tous les cœurs allemands la volonté de rétablir le bon droit dans le pays. Tu ne peux lui imputer à crime un tel espoir ».

Plusieurs rois et princes allemands soutiennent plus ou moins ouvertement le duc de Cumberland. Le roi d'Angleterre Edouard VII, son parent, dirige l'opposition anti-prussienne.

Le 17 décembre 1906, à une demande de la Diète de Brunswick de renoncer au trône de Hanovre, le duc de Cumberland répond en contestant au Landtag le droit d'imposer à lui et à sa maison une renonciation que ne justifient ni la constitution du Brunswick, ni celle de l'empire. C'est de la libre initiative de l'empereur et de l'empire allemand qu'il attend la reconnaissance de ses droits. Les prétentions à la couronne de Hanovre n'ont rien d'inconciliable avec une reconnaissance pleine et entière de la constitution de l'empire.

Quant à son plus jeune fils, il est prêt à renoncer pour lui-même et pour sa descendance à toutes prétentions à la couronne de Hanovre.

Les pangermanistes, trouvant qu'il y a déjà trop d'Etats confédérés en Allemagne, demandent l'annexion du Brunswick à la Prusse.

Le 20 mai 1907, le duc Jean-Albert de Mecklembourg est nommé régent de Brunswick.

Le 21 mai 1912, le prince Georges-Guillaume, fils aîné du duc de Cumberland et petit-fils du dernier roi de Hanovre Georges V, est tué dans un accident d'automobile à l'âge de trente-deux ans.

Le duc Ernest-Auguste avait fait au lit de mort de son père, en 1878, la promesse solennelle de continuer la protestation contre les spoliations dont la maison avait été victime, et son fils aîné, le prince Georges-Guillaume, s'était déclaré également irréconciliable. La mort tragique de celui-ci rend héritier des droits des Cumberland son frère cadet, le prince Ernest-Auguste, lieutenant dans un régiment de cuirassiers bavarois. Pour obtenir le duché de Brunswick, ce dernier avait jadis déclaré renoncer à ses droits au trône de Hanovre. Devenu maintenant seul représentant de la dynastie hanovrienne par la mort de son frère aîné, il ne saurait maintenir sa renonciation. Ce serait la mort du parti guelfe, parti des fidèles du roi Georges V.

Le 31 mai 1912, le prince Ernest-Auguste de Cumberland, accompagné de son beau-frère le prince Max de Bade, vient à Berlin au nom du duc de Cumberland son père, pour remercier l'empereur des marques de sympathiques condoléances qu'il a données au moment de la mort du prince Georges. Depuis 1866, aucun prince de la famille de Cumberland n'était venu à Berlin. On considère donc cette visite comme un événement capable d'amener un rapprochement entre les Hohenzollern et les Cumberland.

Le 10 février 1913, notification est faite aux cours régnantes des fiançailles de la princesse Victoria-Louise, fille unique de Guillaume II, avec le prince Ernest-Auguste de Cumberland.

Le 27 mai 1913, la *Gazette de Voss* annonce que le Conseil fédéral (Bundesrat) sera incessamment saisi d'une motion du gouvernement prussien tendant au règlement définitif de la question de la souveraineté du Brunswick. Dans les milieux bien informés, on annonce que le duc Ernest-Auguste de Brunswick et Lunebourg, gendre de Guillaume II, montera dès l'automne prochain sur le trône de ses pères.

Les pangermanistes exigent comme condition absolue que le duc renonce auparavant formellement au trône de Hanovre. Leurs journaux parlent d'humiliation des Hohenzollern devant les Cumberland. Ils vont jusqu'à menacer l'empereur d' « une tempête guelfe qui serait autrement dangereuse que la tempête de novembre ».

Le 8 octobre 1913, le duc Ernest-Auguste de Brunswick, après une absence qui avait donné naissance au bruit d'une rupture, arrive à Potsdam où il retrouve sa femme et l'impératrice, sa belle-mère.

Une dépêche officieuse, publiée par l'Agence télégraphique, annonce que le duc deviendra, avant la fin de l'année, souverain de Brunswick et que sa renonciation au trône de Hanovre est suffisamment affirmée par une lettre écrite jadis par lui au chancelier et disant « qu'il n'entreprendrait rien pour amoindrir le territoire de la Prusse ».

Le 16 octobre 1913, les *Leipziger Neueste Nachrichten* publient une lettre du Kronprinz adressée au Dr Lunian, représentant à Berlin des pangermanistes, déclarant qu'il n'admet pas que son beau-frère, le duc Ernest-Auguste monte sur le trône de Brunswick s'il ne renonce auparavant formellement, pour lui et ses descendants, à ses droits sur le Hanovre.

Dans une autre lettre, adressée au chancelier, le kronprinz allemand demande en outre des explications sur l'attitude du gouvernement. Le futur empereur d'Allemagne n'admet pas que le fait d'avoir prêté serment au drapeau soit une garantie suffisante du loyalisme constitutionnel du duc.

Le kronprinz ne craint pas de montrer par cette manifestation publique qu'il entre en lutte avec l'empereur, son père, et le gouvernement impérial.

Le 17 octobre 1913, les journaux de Berlin publient le texte de la motion présentée par le conseil des ministres prussiens au Conseil fédéral dans la question de la succession de Brunswick. On fait remarquer que le texte de semblables motions était toujours tenu secret et qu'il constitue comme une réponse du chancelier à la lettre du prince héritier.

« Le serment au drapeau et la lettre du prince Ernest-Auguste au chancelier présentent des garanties suffisantes qu'il ne revendiquera pas les prétendus droits de son père sur le Hanovre. Le gouvernement prussien, d'accord avec le gouvernement brunswickois, considère qu'il n'y a donc pas lieu de demander au prince une renonciation formelle. Il suffira qu'en montant sur le trône, le prince déclare solennellement reconnaître la constitution de l'empire, dont l'article 6 établit que le Hanovre appartient à la Prusse. »

Le 18 octobre, toute la presse, excepté les journaux pangermanistes, blâme l'attitude du kronprinz. Constitutionnellement, il n'a rien à dire au chancelier, et il attaque le principe de la légitimité des princes en ayant l'air de croire qu'il peut être limité par des conditions quelconques. On est en outre irrité de ce que le prince ait provoqué un pareil scandale le jour anniversaire de la bataille des Nations qui a donné lieu à tant de fêtes patriotiques.

Le 1er octobre, l'empereur ordonne à son fils d'interrompre sa villégiature à Hopfreben et de venir le rejoindre immédiatement à Berlin. Le kronprinz, à la suite d'une semonce des plus dures, dit-on, doit s'excuser auprès du chancelier et faire publier une note disant que le prince héritier regrette l'indiscrétion commise par les *Leipziger Neueste Nachrichten*. Ce serait sans son autorisation que sa lettre a été publiée.

Le 21 octobre 1913, les *Leipziger Neueste Nachrichten* donnent un démenti au prince en écrivant « qu'il est impossible que le kronprinz ait regretté la publication de sa lettre ».

Le 3 novembre 1913, le duc et la duchesse de Brunswick font leur entrée dans la capitale de leur duché, aux acclamations de la foule.

CHAPITRE III

Le Catéchisme pangermaniste.

Pour de nombreux Allemands d'aujourd'hui, le pangermanisme est devenu une doctrine, presque une religion politique. Comme toutes les religions, il entend faire des prosélytes, augmenter dans une mesure toujours plus grande la multitude de ses fidèles.

L'Association pangermaniste s'est donc assuré, outre ses *Feuilles* officielles, plusieurs importants quotidiens, la *Gazette du Rhin et de Westphalie,* entre autres, le plus haineux peut-être de ces journaux, qui sévit à Essen et sert surtout les intérêts de la maison Krupp. Mais les intérêts de Krupp et ceux des pangermanistes, c'est tout un, car les projets des Alldeutschen ne sauraient se réaliser sans la collaboration des canons et des mitrailleuses. On a vu, d'ailleurs, par le « scandale Krupp », quel rôle la grande manufacture d'armes joue dans la politique belliqueuse allemande.

Mais la presse pangermaniste, qui a de nombreuses ramifications dans toutes les parties de l'Allemagne, ne semble pas suffisante. L'Association publie aussi des brochures où peuvent être développées, mieux que dans des articles de journaux, les questions qui doivent attirer ou retenir l'opinion publique. Le président actuel de la Société, l'avocat Class, a pris soin d'en rédiger lui-même plusieurs sur le Maroc. D'autres sont consacrées soit à certains problèmes de politique extérieure, comme *L'Ecroulement et la réédification de l'Autriche*, Œsterreichs Zusammenbruch und Wiederaufbau (Munich, Lehmann), soit à des sujets plus généraux ou plus théoriques.

Tout récemment, dans un de ces gros volumes extrêmement compacts dont nos voisins ont la fâcheuse spécialité et qui rebutent par le seul aspect de leurs pages sans alinéas, l'Association publiait une sorte de bilan sous le titre : *Vingt ans de travaux et de luttes pangermanistes*. Ce sont des articles parus dans les *Feuilles pangermanistes* ou des comptes rendus des Congrès annuels, travaux qui donnent évidemment une idée très complète du rôle joué par la Société en ce laps de temps et des résultats obtenus par elle, mais où, à côté des choses intéressantes, il y a, suivant l'habitude germanique, beaucoup de fatras, de redites et d'inutilités.

Plus heureuse dans sa forme très condensée est une petite brochure qui s'intitule : *Catéchisme pangermaniste*. N'avons-nous pas dit que le pangermanisme est une véritable religion ? (*).

Par questions et par réponses, comme il sied à ce genre d'ouvrages, toute la doctrine y est exposée de façon succincte et pourtant suffisamment complète, de sorte que celui qui veut se faire une idée nette du pangermanisme, de ses tendances, de ses projets, de ses espérances, ne saurait en trouver un meilleur exposé.

Cet exposé, avec les considérations qui s'y rattachent, est parfaitement compris pour éperonner le sentiment national allemand et pour donner aux patriotes d'outre-Rhin le désir de collaborer avec les pangermanistes à la grandeur de leur patrie.

Ce qui, en revanche, frappe le lecteur étranger, — particulièrement français — qui n'a pas les mêmes raisons de s'enthousiasmer, c'est cette inconscience bizarre, presque co-

(*) Alldeutscher Katechismus, von G. Calmbach (Editions de l'Association pangermaniste à Mayence).

mique, qu'on retrouve aujourd'hui dans tant d'ouvrages allemands. Il semble que nos voisins aient, dans leur folie des grandeurs, perdu tout sentiment de mesure et de logique.

Parlant des qualités et des défauts du peuple allemand, l'auteur, M. Calmbach, reproche à ses compatriotes de n'avoir pas assez de sentiment national, d'être, politiquement, trop modestes et trop *justes* (1).

Voilà qui est fait pour surprendre ceux qui lisent les journaux et les livres allemands actuels : le sentiment national y est au contraire hypertrophié jusqu'au chauvinisme le plus irascible, le plus ombrageux, le plus arrogant. En fait de modestie, nous voyons l'Allemagne proclamer, par la bouche et la plume de ses hommes politiques, de ses savants, de ses poètes, de ses journalistes, qu'elle est la première nation du monde, que sa « culture » est supérieure à toutes les autres, que nul ne peut égaler ni sa science, ni sa puissance, ni sa grandeur, ni surtout sa morale et sa vertu.

Quant à cette justice exagérée dont les pangermanistes s'accusent, qu'en font-ils donc lorsque, dans leurs articles et leurs brochures, ils déclarent sans cesse que la force prime le droit, que l'empire allemand doit avoir souci avant tout de son intérêt et faire de la « politique réaliste » au mépris du sentiment, que ses vaincus et ses conquis doivent et devront être mâtés par tous les moyens, que le droit des gens est une chose tout arbitraire faite pour être modifiée au gré du vainqueur et accommodée suivant les besoins (so wie man es braucht).

Nous verrons, d'ailleurs, au cours de cette rapide analyse, de quelle façon les pangermanistes pratiquent cette inflexible justice qu'ils se reprochent, car, prétendent-ils, « la Bible elle-même dit : Ne soyez pas trop justes ! »

Quant à la modestie, les pangermanistes déclarent que « quand d'autres peuples veulent prendre et soumettre à leur domination des pays entiers, nous trouvons généralement cela très bien ; notre modestie exagérée nous défend d'étendre la main nous-mêmes ou d'élever des prétentions... Vouloir s'occuper du bien de notre empire et de notre peuple en appliquant le proverbe : avec le chapeau à la main, on passe à travers tout le pays, voilà qui n'est plus digne de l'Allemand d'aujourd'hui, et il n'en a plus non plus besoin, pourvu qu'il le veuille ».

A quoi bon, d'ailleurs, cette fâcheuse modestie ? Il ne s'agit pas de se faire des amis, mais d'inspirer la terreur : « Un peuple qui a conscience de sa valeur et de sa puissance n'est pas aimé, il est vrai, mais est considéré et craint. » Depuis Bismarck, l'Allemagne professe cet idéal de Croquemitaine : dominer grâce à la peur qu'elle fait régner autour d'elle. En Alsace aussi, il y a longtemps déjà, la *Strassburger Post* (mars 1897), organe officieux, émettait cet aphorisme renouvelé de Caligula et qui pourrait servir de devise à toute la politique de germanisation dans les provinces annexées : « Qu'ils nous haïssent, pourvu qu'ils nous craignent ! »

Mentalité que nous avons peine à comprendre, parce qu'elle ne ressemble pas à la nôtre. De même, il se trouve encore chez nous, malgré tant et de si dures leçons, des utopistes pour croire que l'Allemagne pourrait nous rendre un jour bénévolement les provinces qu'elle nous a ravies. A ces rêveurs si éloignés de la réalité, les pangermanistes répondent : « Arndt a dit : Exprimez ce grand principe et enseignez-le à vos enfants et aux enfants de vos enfants comme le commandement le plus sacré de votre grandeur et de votre sécurité : que vous ne voulez jamais conquérir des peuples étrangers, mais que vous ne voudrez non plus jamais souffrir qu'on arrache un seul village de vos frontières... Celui qui réclame trop de choses de l'étranger périt d'orgueil, mais celui qui se laisse dépouiller de son bien périt de déshonneur. »

Oser écrire ces lignes quand on a déjà dévoré un morceau de la Pologne, un autre du Danemark, la Silésie et le reste ; oser les citer quand on détient malgré eux dans ses frontières des Polonais, des Danois, des Français, c'est une preuve nouvelle de cette inconscience germanique que nous avons déjà eu l'occasion de relever. Mais nous en verrons bien d'autres.

***

Examinons maintenant comment les pangermanistes envisagent la composition de l'empire.

Ils émettent d'abord ce principe: « Tout peuple a le droit de s'organiser de telle sorte que l'Etat et le peuple correspondent. » Ils veulent dire par là que les limites du territoire doivent embrasser tous les individus appartenant à la nation, à la langue, et ils prétendent sans hésiter qu'il en est ainsi de la France, de l'Italie, de l'Espagne. Si, sans parler de l'Alsace-Lorraine, il y a en Belgique et en Suisse des millions d'hommes de langue française, cela n'arrête pas un seul instant leur réflexion, pas plus que la possession du Trentin italien par l'Autriche.

Mais il en va autrement pour l'empire allemand. Celui-ci n'est pas « un Etat national », parce que, d'une part, il renferme plusieurs millions d'habitants parlant des langues étrangères, avec seulement 92 o/o d'Allemands, et que, d'autre part, il y a en dehors de l'empire et rien qu'en Europe centrale, environ 22 millions et demi d'Allemands.

Voici comment ils font le dénombrement des Allemands dans le monde. (Bien que le Catéchisme, sans date, soit de publication récente, ainsi qu'en font foi des allusions à des événements de 1910 et de 1911, l'auteur prend pour base, on ne sait pourquoi, le recensement de 1900.) Il y a en Allemagne, 52 millions d'Allemands ; en Autriche, 9.171.000 ;

en Hongrie, 2.135.000, parmi lesquels 230.000 Saxons de Transylvanie ; en Suisse, sur 3.325.000 habitants, il y a 2.313.000 Allemands ou 70 o/o. A cela s'ajoutent les 5 millions de Hollandais, qui sont bas-allemands, et 3.420.000 Flamands de Belgique ayant la même origine. En outre, le Luxembourg compte 220.000 Allemands. Voilà donc, rien que pour l'Europe centrale, 74 millions et demi d'Allemands.

Mais ce n'est pas tout ; il ne faut pas oublier ce qu'ils appellent les « postes avancés » ou le « germanisme dispersé ». C'est ainsi qu'il y a en Russie 165.000 Allemands dans les provinces baltiques, 580.000 en Pologne et en Volhynie, des centaines de mille le long du Volga, au Caucase et au bord de la Mer Noire, soit en tout pour la Russie 1.790.000.

Les Etats-Unis en comptent 12 millions parlant encore allemand, le Canada un demi-million, le Brésil et l'Argentine plusieurs centaines de mille, le Chili 20.000. On ne saurait non plus passer sous silence les Boers d'Afrique, Allemands comme tous les Hollandais, et il faut aussi compter, cela va de soi, les colons établis dans les possessions allemandes d'outre-mer.

Evidemment, il sera impossible de réincorporer avant longtemps à la mère-patrie le « germanisme dispersé » si loin. Mais il faut que les émigrés conservent l'amour de leur pays d'origine, en même temps que sa langue et ses mœurs, et que, prenant, lorsque leur nombre le permet, une part active à la vie publique du pays où ils se sont fixés, ils influencent cette politique de telle sorte qu'elle soit toujours favorable à l'Allemagne. Ils ménageront ainsi à celle-ci de précieux appuis au dehors et seconderont ses efforts. Les nombreuses écoles allemandes fondées un peu partout « pour conserver le germanisme à l'étranger » aideront à ces émigrés et à leurs enfants à garder fidèlement leur caractère national et la mentalité qui convient à de loyaux sujets de Germanie.

Quant aux nombreux millions d' « Allemands » qui s'appellent improprement Autrichiens, Suisses, Hollandais ou Belges, il sera plus facile de les rassembler, poussins étourdis, sous les ailes maternelles de la poule prussienne. Toujours trop modestes, les pangermanistes n'entendent pas faire le premier pas. Ils comptent que les nécessités économiques pousseront ces peuples à se jeter d'eux-mêmes dans leurs bras. Il est vrai que « les petits Etats n'aiment pas renoncer à l'indépendance qu'ils ont conquise », comme les Suisses, et que les Hollandais ont « gardé un orgueil » qui les empêchera, eux aussi, de faire le sacrifice de leur liberté. Mais « c'est une chose insensée que le Rhin soit séparé par une douane de son cours supérieur ». Les Hollandais le comprennent bien et seraient plus traitables s'ils ne recevaient de mauvais conseils des Français et surtout des Anglais.

Tout en ne voulant pas — ouvertement — faire le premier pas à la rencontre de ces petites nations, les pangermanistes préconisent cependant tout un système de persuasion et de séduction, où la menace ne manquera point de jouer son rôle dès que le moment en semblera venu. Déjà, ils agissent sur les Flamands qui « sont sortis de leur sommeil et luttent avec succès contre les Wallons ». Il faut que les Allemands soutiennent les revendications des Flamands.

De même en Suisse, « il faut faire comprendre sans relâche aux Suisses allemands qu'ils ont des devoirs envers leur nation et leur langue allemande ». Nous pouvons nous en rapporter pour cela aux pangermanistes. Ils sauront agir avec insistance, comme ils disent (mit Nachdruck). Ce qu'ils recommandent comme chose à faire, est au reste déjà chose faite, et ils l'avouent quelques lignes plus loin : la Société de langue germano-suisse (deutsch-schweizerischer Sprachverein) se charge de cette tâche et « agira particulièrement aussi pour que, dans la vie officielle, la langue allemande ne soit pas négligée au profit de la langue française ».

En Belgique, il y a quelques années, c'est à l'instigation des pangermanistes que des députés flamands demandèrent à la Chambre que l'allemand fût reconnu comme troisième langue officielle.

Pour en revenir à la Suisse, le « Catéchisme » donne aux touristes comme aux commis voyageurs qui visitent ce pays le mot d'ordre de parler allemand partout : non seulement, ce serait un manque de dignité que de se servir du français, mais il ne faut pas oublier que l'Helvétie est avant tout un pays germanique.

***

Voyons maintenant quels sont les ennemis qui menacent l'Allemagne. Ce sont avant tout les Slaves, c'est-à-dire les Polonais, les Tchèques, les Ruthènes, etc., sous la conduite de la Russie. Ils forment ensemble une masse de 120 millions d'âmes, et sont par conséquent très supérieurs en nombre aux Allemands.

« Nos voisins de l'ouest ne sont-ils donc pas des ennemis plus dangereux ? » demande le « Catéchisme ».

Et voici la réponse :

« Ils l'étaient autrefois ; mais aujourd'hui ils ne le sont plus dans la même mesure. Ils n'osent plus nous attaquer seuls, parce qu'ils se disent que le peuple de 40 millions de Français ne peut plus s'en prendre au peuple de 60 millions d'Allemands. C'est pourquoi ils cherchent des alliés... les Russes et les Anglais. Ces derniers sont incontestablement la plus grande puissance maritime, avec laquelle nous n'oserions guère risquer un combat sur mer. Comme économiquement, nous sommes les principaux rivaux de l'Angleterre, les Anglais n'ont pas de bons sentiments pour nous ».

On ne saurait traiter un adversaire, un ennemi, plus dédaigneusement que ne le font ici les pangermanistes envers nous. Une fois de plus, ne connaissant que la force et le nombre, ils nous jugent négligeables parce qu'ils nous croient moins puissants qu'eux, et ils ne prennent en considération que nos alliés, les Russes, et surtout les Anglais, à cause de leur marine, « avec laquelle ils n'oseraient risquer un combat sur mer ».

Il est vrai qu'en d'autres occasions, les journaux et les livres pangermanistes affectent de croire que nos alliances sont pour nous une douce illusion, qu'elles n'existent pas en réalité, que surtout l'entente cordiale est un leurre et que nous ne pouvons faire aucun fonds sur l'amitié de nos voisins d'outre-Manche. Même lors de la visite de M. Poincaré à Londres ou du roi d'Angleterre à Paris, des feuilles allemandes chauvines « ignorèrent » complètement ces réceptions si chaleureuses et si enthousiastes, ou les dénaturèrent de cette façon tout allemande qui faisait écrire dernièrement par M. Maximilien Harden cette phrase qu'on ne saurait trop répéter et propager : « En Allemagne, il devient impossible de connaître la vérité, parce que tout le monde travaille avec des faux ».

Pourtant, quel que soit le dédain, feint ou réel, des pangermanistes à l'égard de la Triple Entente, ils croient nécessaire de s'assurer, eux aussi, des alliés. Ils pourraient en chercher « parmi les étrangers ». Lesquels ? Ils ne le disent pas. Mais comme les étrangers ont toujours « avant tout en vue leur propre intérêt », ils ne sont pas sûrs et mieux vaut s'en tenir aux peuples « parents de race » (stammverwandt).

Ici, ces gens si forts se montrent mauvais psychologues. Ils oublient — ou ils ignorent — le mot si vrai de Michelet que « les couleurs tranchées s'accordent mieux que les nuances voisines, et que les grands dissentiments sont entre parents ».

Fidèles à leur principe, ils ne daignent même pas accorder une ligne à l'Italie dont les « tours de valse » leur inspirent sans doute une méfiance qui n'est peut-être pas injustifiée. D'ailleurs, peut-on compter sur des Latins ?

La véritable alliée est donc l'Autriche, en attendant que soit accomplie la fusion de la Suisse, des Pays-Bas, de la Belgique et autres « postes avancés du germanisme ». Mais l'Autriche elle-même est-elle bien sûre ?

Non, cette alliance, telle qu'elle existe actuellement, ne peut suffire, d'abord parce qu'elle n'est conclue que pour un temps, ensuite, parce qu'elle n'a pas empêché que les Allemands d'Autriche soient traités moins bien que les Tchèques, les Polonais et les Magyars, et cela par le gouvernement qui a conclu l'alliance avec l'Allemagne.

La situation des Allemands d'Autriche a complètement changé depuis 1866. Avant cette époque, l'Autriche faisait partie de la Confédération germanique, et sa population allemande pouvait s'appuyer sur les autres Etats confédérés et conserver la domination sur les éléments étrangers du pays. La couronne et le gouvernement avaient conscience de leur caractère allemand. Mais après la séparation, les Habsbourg, qui sont pourtant eux-mêmes des Allemands, semblèrent trop craindre la force d'attraction du nouvel empire des Hohenzollern sur leurs sujets germaniques ; ils cherchèrent à créer un contrepoids en favorisant les peuples slaves sous le ministère Taaffe. Les Allemands ne comprirent pas suffisamment le danger de cette politique. Leur modestie et leur discrétion bien connues les détournèrent aussi d'intervenir dans les affaires intérieures d'un pays voisin, bien que leurs nationaux y fussent directement intéressés. Seulement, lorsque le comte Badeni « fit des choses trop folles avec son ordonnance des langues », le peuple allemand d'Autriche se réveilla et songea à lui-même.

« Il est nécessaire que dans un Etat il n'y ait qu'une seule langue officielle ». (Pourquoi donc alors les pangermanistes tendent-ils à ce que, dans tous les pays où il y a des Allemands, la langue allemande soit tôt ou tard reconnue comme seconde ou troisième langue officielle) ? En Autriche, cette langue *doit être* l'allemand et il faut que les Allemands occupent une situation prédominante, quand ce ne serait que parce qu'ils paient le plus d'impôts. Les 35,7 o/o d'Allemands de la population totale autrichienne paient 68,2 o/o des contributions, soit 123 couronnes par personne, tandis que les Tchèques n'en paient que 39 et les Polonais 35.

Ici, après avoir laissé la parole aux pangermanistes, il convient d'écouter la cloche slave et d'opposer des chiffres plus sérieux à ces statistiques allemandes toujours entachées de « faux », c'est un Allemand qui l'affirme.

Sur une population totale de 41 millions et demi, l'Autriche compte seulement 10 millions d'Allemands, 7 millions de Magyars et 3 millions de Roumains, contre 18 millions de Slaves (Tchèques, Polonais, Ruthènes, Serbo-Croates, Slovaques, Slovènes, etc.). On a peine à comprendre que des peuples de même race qui, dans leur ensemble, constituent une majorité numérique aussi importante ne possèdent pas l'hégémonie dans l'Etat. Il serait de toute justice, non pas que la minorité allemande fît la loi comme c'est le cas en réalité, quoi qu'en disent les pangermanistes, mais que les Slaves fussent au contraire le peuple conducteur et dirigeant. Les Slaves font preuve d'une extrême modération en se bornant à demander que la monarchie dualiste où deux minorités sont actuellement maîtresses et la majorité écrasée, devienne un Empire fédératif où chaque nationalité ait des droits égaux et une autonomie suffisante pour régler ses propres affaires à sa guise.

Les Allemands, toujours oppresseurs, ne veulent pas entendre parler de cette combinaison si équitable, et sont ardemment soutenus par l'empire des Hohenzollern. Les pangermanistes avouent sans vergogne qu'il y a en Autriche de nombreuses Sociétés allemandes, rayonnant sur tout le pays et dont le but est de « lutter contre les abus commis en faveur des autres peuples. Leur mission est surtout de conserver et de cultiver la langue allemande par la création d'écoles, d'églises. Elles cherchent aussi à faire en sorte que les Allemands ne perdent pas la possession du sol, « car celui qui possède et cultive la terre finit par disposer de l'avenir du pays ».

Ces efforts « concourent au bien de l'empire allemand », car les Slaves sont ses ennemis naturels qui s'étendent aux dépens du germanisme. Les Allemands ne peuvent tolérer une puissance slave sur leur flanc ; ils auraient ainsi un nouvel ennemi au sud-ouest, alors qu'ils en ont déjà deux à l'est et à l'ouest. C'est donc pour lui une question vitale que le germanisme soit conservé et soutenu en Autriche, et c'est ce qui explique que les efforts des Slaves restent à peu près inutiles. Les Habsbourg ne peuvent rien leur accorder sans risquer de se brouiller avec leur allié. L'archiduc héritier François-Ferdinand a-t-il réellement, comme on l'a prétendu, l'intention de refondre sur une base nouvelle la constitution autrichienne et de donner aux peuples slaves la place et les droits qui leur reviennent ? Nul ne le sait, car ce mystérieux archiduc est resté jusqu'à présent pour tout le monde une indéchiffrable énigme. Dans tous les cas, du vivant de l'empereur François-Joseph, rien ne sera changé, à moins que des événements violents et imprévus ne surviennent.

Le « Catéchisme » ne parle qu'assez incidemment de la Hongrie et donne, pour la population, des chiffres aussi fantaisistes que ceux des ordinaires relevés germaniques. Toujours les « faux » de Harden. Retenons seulement que, de leur propre aveu, les Allemands constituent dans cette région une infime minorité. Ils ne s'indignent pas moins de ce qu'on prétende leur faire parler la langue magyare, eux qui trouvent tout naturel d'obliger des millions de Polonais, de Danois, d'Alsaciens-Lorrains à parler allemand.

Les Sociétés et les envoyés *ad hoc* ont « fait comprendre aux paysans souabes du Banat et de la Baschka que s'ils laissaient leurs enfants apprendre le hongrois, ceux-ci finiraient par ne savoir bien ni cette langue ni l'allemand, que leurs parents ne pourraient plus s'entendre avec eux et qu'au surplus, il était insensé de leur faire apprendre une langue parlée seulement par quelques millions de personnes, au lieu de l'allemand que parlent 90 millions d'hommes ».

Ces quelques aveux suffisent à indiquer quelle action ces Allemands discrets, toujours trop modestes et trop justes, exercent sur leurs voisins d'Autriche pour y maintenir bon gré malgré l'hégémonie du germanisme aux dépens de ces Slaves encombrants qu'ils considèrent comme leurs ennemis les plus dangereux.

***

Mais ces Slaves, ils en ont dans leur propre sein, et, quels que soient leurs efforts désespérés, leur dureté implacable, ils ne parviennent pas à en venir à bout et ne craignent pas de dénoncer le « péril polonais ».

Voici quels chiffres ils donnent, toujours d'après le recensement de 1900, pour la Pologne prussienne : 3.298.153 Allemands et 1.970.927 Polonais. La statistique officielle prussienne indique 3.500.621 Polonais pour tout l'Empire, mais en réalité, il y en a 4 millions dans les quatre provinces dites : Posnanie, Prusse orientale, Prusse occidentale et Silésie.

Ainsi, les Allemands ne craignent pas de truquer les chiffres, même quand cette petite opération bien germanique doit tourner à leur confusion. Quel « péril », dira-t-on, peuvent constituer deux millions à peine de Polonais, contre 3.300.000 Allemands rien qu'en Pologne, et 60 millions que compte l'empire allemand ? La crainte qu'ils montrent devant cette poignée de vaincus asservis serait ridicule, si elle n'était tragique comme le remords poursuivant le criminel.

Et c'est bien la mauvaise conscience inquiète qui parle dans les lignes suivantes : « Il y a pourtant un grand danger pour l'Allemagne, car les Polonais ne se sont pas encore consolés d'avoir été conquis ; à plusieurs reprises, ils ont cherché à secouer le joug allemand. Ils rêvent toujours la reconstitution du royaume de Pologne qui ne peut être réédifié que sur les ruines de l'empire allemand ».

Puis voici les vains efforts pour se rassurer soi-même et tromper autrui : « La domination prussienne est-elle donc si mauvaise et si oppressive pour les Polonais ? Pas à notre avis. Au contraire, les Polonais auraient toutes raisons d'être satisfaits de vivre sous la domination prussienne au lieu de celle de leur noblesse et de leur clergé. Car la Prusse n'a épargné ni sa peine ni son argent pour relever le pays polonais, économiquement et administrativement, par une administration bien ordonnée et par l'école ».

C'est l'éternel refrain : tous les pays doivent toujours se déclarer enchantés d'être traités à la prussienne. Aucune culture n'est bonne que l'allemande ; personne ne doit penser ni sentir autrement qu'à l'allemande, et si les gens à qui l'on veut imposer cette mentalité par la force ne sont pas satisfaits, c'est qu'ils sont de vulgaires ingrats qui méritent les pires châtiments. On le fait bien voir aux Polonais.

Notre édifiant Catéchisme n'entre pas, — il s'en garde — dans le détail des traitements que la Prusse fait subir à ses malheureux conquis. Il reste dans des généralités. « Les Polonais appartiennent, suivant Bismarck, aux peuples féminins chez qui le sentiment prédomine, tandis que l'Allemand appartient aux masculins. Les Polonais ont un certain esprit de troupeau ; ils ne se trouvent bien qu'au milieu des âmes ayant les mêmes sentiments qu'eux. Ils se jugent d'une autre race et craignent l'influence de la culture allemande.

Malgré tout, malgré lui, notre pangermaniste est obligé

de rendre hommage au patriotisme de ses vaincus chez qui, dit-il, le sentiment national est si grand que chacun place l'intérêt du polonisme plus haut que son intérêt propre. Mais il ajoute aussitôt que tout en admirant ces sentiments, « nous Allemands ne devons pas être assez bons pour les soutenir dans leur effort, parce que celui-ci est incompatible avec l'existence de l'empire allemand, avec les conditions vitales du peuple allemand. Il faut que l'un soit marteau et l'autre enclume ». Nous retrouvons encore là cet amour de la justice, si fort chez l'Allemand (2).

Puis, la peur se trahit : dès que les Polonais se croiront assez forts, ils n'hésiteront pas à se soulever de nouveau, et « la question polonaise est et sera toujours exploitée par les puissances hostiles pour créer des difficultés à l'Allemagne ». Le pangermanisme ne connaît à cela qu'un remède : la violence : « La bonne épée allemande est la meilleure arme pour nous protéger contre les Polonais ».

Mais en ce moment, il ne s'agit pas d'épée. La lutte reste sourde et prend une forme purement économique et « culturelle », comme ils disent. Il s'agit d'empêcher les Polonais de parler leur langue et d'acquérir de la terre. On voudrait bien aussi fermer la frontière aux ouvriers agricoles qui, chaque année, viennent par milliers de la Pologne russe travailler sur les terres de Posnanie, mais Bismarck, l'ayant essayé, il y eut un tel manque de bras qu'il fallut renoncer à ce moyen.

Un autre sujet de grand souci pour les Allemands, c'est que de nombreux ouvriers polonais sont allés en Westphalie, dans le bassin industriel de la Ruhr, où ils forment de véritables colonies. En 1907, ils étaient 320.000, dont 20.000 électeurs, et ces nombres donnés par les pangermanistes, donc au-dessous de la vérité, étaient en constante progression. Le pis, c'est que l'argent allemand gagné dans l'industrie sert à ces Polonais à acheter des terres en Pologne. Or, la lutte pour la terre a pris dans ce qu'ils appellent « la Marche de l'Est » une acuité extrême.

Dès 1886, Bismarck tenta, par la loi de colonisation, de faire passer le plus possible de terres polonaises entre les mains allemandes, et de fixer des paysans allemands sur le sol polonais. Jusqu'à la fin de 1909, la Commission de colonisation avait acheté 3.706 kilomètres carrés sur lesquels étaient établis 17.051 familles de colons, comptant 102.300 têtes, dans 600 villages nouveaux.

Cette tentative, malgré les sommes énormes qu'elle coûte, ne donna point les résultats attendus. Les pangermanistes en accusent la politique du chancelier de Caprivi qui, faible et hésitant, voulait se concilier les sympathies des Polonais, au lieu de leur faire sentir cette « main de fer » et ce « poing blindé » que les chauvins voudraient voir toujours brandis.

Mais la véritable cause est plutôt que les Polonais, voyant le péril, firent de leur côté des sacrifices immenses pour racheter les terres. Des banques furent fondées dans ce but ; de grandes propriétés furent morcelées pour favoriser l'établissement des paysans polonais, et les prix des terrains subirent une hausse formidable.

Le gouvernement, ne sachant plus que faire, recourut une fois de plus à la violence. Ce fut le chancelier de Bulow qui présenta au Landtag prussien la loi permettant d'exproprier les Polonais, — cette loi que lui-même, son auteur, n'hésita pas à qualifier d'« odieuse », dans un discours mémorable.

Les pangermanistes, au contraire, proclament que cette expropriation n'est pas un acte plus répréhensible ou plus violent que celle qui a pour but la construction d'une route, d'une forteresse, d'un chemin de fer, car « le bien des Polonais doit être pris contre remboursement pour la sécurité de notre Etat dans l'est (3) ».

On sait que cette loi, après une assez longue hésitation, a commencé à être appliquée (octobre 1912).

Il est intéressant de lire ce que les pangermanistes écrivent sur les établissements d'instruction publique en Pologne. La culture allemande qu'ils prisent si haut et dont ils voudraient faire un article d'exportation, afin de l'imposer bon gré malgré aux autres peuples, ne leur paraît pas devoir être accordée à leurs conquis ; ils ne leur en semblent pas dignes. Dans les *Feuilles pangermanistes*, ils avaient déjà exprimé l'opinion que l'on ne devrait pas obliger les Polonais à envoyer leurs enfants à l'école allemande, et que mieux vaudrait les laisser croupir dans l'ignorance, car il n'est naturellement pas question de fonder des écoles polonaises (4). Voici, dans le Catéchisme, une idée à peu près identique. Il recommande de ne pas fonder d'Universités en Pologne. Les étudiants allemands ne les fréquenteraient pas, parce qu'ils préfèrent rester dans les régions purement allemandes. Ces établissements ne feraient donc que « fortifier le polonisme et seraient des foyers d'agitation pour la jeunesse polonaise (5)».

En revanche, il est très important que l'archevêque de Posen soit un Allemand, afin d'exercer une influence germanisatrice sur le clergé polonais qui joue un grand rôle dans la lutte. Les prêtres n'excitent pas seulement les Polonais contre l'Empire protestant, mais ils vont jusqu'à agir sur les catholiques allemands du pays en leur persuadant que « le polonais est la langue de la sainte Vierge, tandis que l'allemand est la langue des protestants, de sorte que beaucoup de catholiques allemands parlent et prient en polonais par peur de l'hérésie ».

Si l'on renversait la situation et que l'on imputât aux pasteurs allemands des accusations aussi puériles, les pangermanistes n'auraient pas assez de violences pour protester contre ces folies (6).

***

Après avoir ainsi résumé la question polonaise, l'auteur du Catéchisme passe à ces autres conquis récalcitrants, les Danois du Schleswig. Voici comment il expose la situation : « Les sentiments danois de la population ne consistent pas seulement en ce qu'elle tient à sa nation, à sa langue maternelle, le danois, ce que personne ne lui défend. Mais ils veulent arracher à la Prusse et réunir au Danemark le Schleswig du nord où vivent les 1.500.000 habitants ayant des sentiments danois. Ils s'appuient sur le § 5 du traité de Prague (1866) décidant que les habitants du Schleswig septentrional pourront choisir par un vote s'ils veulent appartenir à la Prusse ou au Danemark. Cette décision du traité de Prague n'a jamais été exécutée parce que les deux puissances contractantes, la Prusse et l'Autriche, l'ont supprimée ».

L'Allemagne, en effet, n'a jamais consenti à aucun plébiscite chez aucun des peuples qu'elle a conquis; elle savait trop quel en serait le résultat.

Notre pangermaniste, désireux de chercher une bonne excuse et n'en trouvant qu'une mauvaise, revient un peu plus loin sur la même question et déclare : « C'est d'accord avec l'Autriche que la Prusse a renoncé à cette clause que la France avait fait intercaler dans le traité. Quand donc les Danois s'en prévalent, ce n'est qu'un prétexte pour faire de l'agitation anti-allemande ».

Il n'y a d'ailleurs aucune raison pour que l'Allemagne cède au Danemark le nord du Schleswig : « Ce pays lui appartient d'après les principes du droit des gens ; si elle le cédait, il y aurait un nombre équivalent d'Allemands qui passeraient sous la domination danoise, et comme les Danois ont prouvé qu'ils n'emploient pas la tolérance ni les ménagements envers ceux qui parlent une langue étrangère, cette satisfaction des vœux danois ne serait autre chose que le sacrifice de notre nation ».

Personne n'est plus enclin à reprocher l'oppression à autrui que ces mêmes Allemands si durs, si inexorables pour les faibles et les vaincus, de même qu'ils réclament toujours et partout pour leurs nationaux le droit de parler allemand et d'avoir leurs écoles et leurs églises, même dans les pays où ils sont une infime minorité. Mais chez eux, comment procèdent-ils ? Le Catéchisme déclare péremptoirement que le gouvernement allemand a le devoir d'empêcher toute tendance danoise dans la presse, les associations et les réunions, de mettre partout des fonctionnaires, des instituteurs et des ecclésiastiques sûrs, ayant des sentiments allemands, et qu'il doit refuser l'enseignement danois dans les écoles, les sermons danois dans les églises. Enfin, il faut établir dans la province des paysans allemands pour « coloniser », fonder des écoles spéciales pour les artisans et les agriculteurs, et empêcher que la jeunesse aille terminer ses études en Danemark.

⁂

Quand notre homme en arrive à parler de l'Alsace-Lorraine, il nous faut admirer une fois de plus l'exactitude de la documentation pangermaniste. Comme toujours, les chiffres sont truqués de façon tendancieuse lorsqu'on nous dit que l'Alsace-Lorraine compte un million et demi d'habitants parlant allemand et 200.000 de langue française. La population totale est de 1.600.000 âmes environ, et il est impossible de savoir combien de personnes ont le français pour langue maternelle, car cette colonne particulière des feuilles de recensement fut toujours remplie d'office par les fonctionnaires allemands ou modifiée par eux quand l'indication donnée par les intéressés n'était pas à leur gré. En réalité, on parle encore et toujours français dans toute la Lorraine, dans plusieurs vallées vosgiennes d'Alsace, et l'on ne saurait assez répéter aux Français qui l'ignorent trop souvent, que toute la bourgeoisie des villes grandes et petites, que tous les propriétaires ruraux ayant quelque importance sociale parlent français entre eux. Ils se servent du *dialecte alsacien*, et non de l'allemand, quand ils s'adressent aux ouvriers, aux paysans, aux domestiques, à tout le peuple enfin, dont la langue maternelle est, *non l'allemand*, mais le dialecte alsacien qui varie plus ou moins suivant les régions et que ne comprennent pas les Allemands du Nord jusqu'à ce qu'ils en aient pris l'habitude. *Jamais, nulle part*, des Alsaciens ne parlent entre eux l'*allemand d'Allemagne*.

Si l'on ne peut que hausser les épaules quand les pangermanistes affirment que les Alsaciens sont d'origine « purement alémannique », alors que même leurs manuels scolaires ne peuvent plus cacher aujourd'hui que la population alsacienne descend des Celtes (7), « premiers habitants connus du pays », on ne peut qu'éclater de rire quand le Catéchisme raconte gravement que « seuls sont français quelques petits territoires de frontière, *comme Mulhouse* ». Quand on prétend parler d'un pays, il faudrait pourtant en avoir d'abord une idée au moins approximative. Si c'est là cette « Gründlichkeit » allemande qu'on nous a tant vantée...

M. Calmbach s'étonne alors de ce « fait singulier » que « les Alsaciens-Lorrains ne sont pas encore allemands de cœur, c'est-à-dire qu'ils ne se réjouissent pas intimement de la réunion de leur pays avec leur *ancienne patrie*, ou n'en ont pas encore pris leur parti ».

Voilà une bonne réponse aux Français qui prétendent que l'Alsace-Lorraine est germanisée. Il est vrai qu'après tant d'événements d'une éloquence irréfutable, surtout après Saverne, personne en France n'ose plus prétendre cela aujourd'hui.

L'explication que donne de ces sentiments notre pangermaniste est assez piquante : si les annexés « louchent encore aujourd'hui par-dessus la frontière vers la France », cela tient au « manque d'épine dorsale et à la prédilection pour tout ce qui est étranger que tous les Allemands ont dans le sang. Par ce reniement de leur germanisme, les Alsaciens ne font que prouver qu'ils sont de véritables Allemands ». Personne ne s'était encore avisé d'une idée aussi ingénieuse ; elle ne pouvait naître que dans une cervelle pangermaniste.

Il serait trop long de refaire avec notre auteur l'historique des années qui suivirent l'annexion et de la politique des divers statthalter. Il peut se résumer ainsi : les meneurs et les agitateurs que les Allemands se plaisent à décorer du néologisme bizarre de « francillons », ne cessèrent d'exciter la population contre l'Allemagne en lui montrant toutes les supériorités de la France. Le gouvernement eut le tort de faire des concessions. On se demande, en vérité, lesquelles quand on se rappelle que la dictature fut maintenue trente et un ans, aggravée des passeports et de tout l'arsenal des lois d'exception.

Donc, ces prétendues concessions furent considérées par les Alsaciens comme une faiblesse et, au lieu de leur inspirer de la reconnaissance, ne firent que les pousser à émettre des prétentions nouvelles. Il y eut toute une série de « manœuvres anti-allemandes » dans lesquelles, naturellement, le clergé catholique joua le rôle le plus criminel, car les pangermanistes luthériens rendent toujours et partout les prêtres responsables de tous leurs échecs.

Voyons maintenant « ce qu'il faut faire », suivant M. Calmbach :

« Les Alsaciens et les Lorrains doivent d'abord apprendre à ne pas mépriser les Vieux-Allemands avant de pouvoir les aimer. » Pour cela, les immigrés ne devront faire aucune concession à la langue française. C'est ce que l'on appelle outre-Rhin la politique de « la nuque rigide ».

Il faut au surplus que l'enseignement du français soit absolument prohibé. Une fois de plus, nous trouvons ici la théorie de l'impossibilité d'apprendre deux langues que les Allemands rééditent sans cesse à l'usage de leurs conquis, alors que le premier soin des immigrés arrivant en Alsace est de faire enseigner le français à leurs enfants, et qu'ils ne cessent d'exiger que dans les pays étrangers, les Allemands aient la libre pratique de leur idiome. Quand deux font la même chose, ce n'est pas la même chose.

Naturellement, il ne pourra être question d'accorder l'autonomie à l'Alsace-Lorraine tant que ses habitants n'auront pas donné « pleine garantie qu'ils se sentent de fidèles membres du peuple et de l'empire allemands ».

Les pangermanistes espèrent que le temps opérera l'assimilation. Mais ils recommandent à tous les Allemands d'y travailler par leurs efforts pour « faire contrepoids aux francillons ». Quant au gouvernement, il doit faire bien comprendre que la réunion de l'Alsace-Lorraine à l'empire est « irrévocable et ne tolérer aucun manège d'yeux doux avec les Français. La sévérité paternelle brisera l'obstination enfantine et est d'autant plus opportune que les Alsaciens et les Lorrains ont été habitués sous la domination française à un poing ferme ».

Encore une de ces légendes que les pangermanistes voudraient accréditer. Depuis des années, ils s'efforcent vainement de persuader aux annexés que ceux-ci étaient très malheureux quand ils étaient français. Mais nos gens, narquois, et qui savent beaucoup mieux ce qu'il en est, se contentent de hausser les épaules ou de cligner de l'œil avec cette malice de terroir qui exaspère leurs aimables maîtres.

Enfin les pangermanistes comptent sur une forte immigration allemande dans les provinces ravies. Noyer l'élément indigène sous le flot des vainqueurs et opérer ainsi une simple « déviation de chiffres en leur faveur », c'est une manière comme une autre de gagner leurs conquis. Cela épargne la peine de s'adresser aux cœurs, chose en laquelle les Allemands et surtout les pangermanistes furent toujours malhabiles.

***

Dans ces quelques pages, nous ne pouvions qu'éveiller l'attention, provoquer les curiosités, faire que ceux qui nous auront lus désirent en savoir davantage. C'est par l'étude attentive des écrits, des paroles, des actes de la Société pangermaniste qu'on peut deviner les plans d'avenir, les pensées de derrière la tête du gouvernement de Berlin. Celui-ci désavoue, celle-là proteste contre toute solidarité, affirme son innocence, mais utilise son zèle pour créer longtemps à l'avance, sans avoir l'air de s'en mêler, ces puissants courants d'opinion dont les gouvernements à notre époque ne peuvent plus se passer.

Suivre les pangermanistes dans leurs paroles et leurs actes, c'est se mettre à même de connaître les intentions secrètes du gouvernement qui, tôt ou tard, exécute ce que ces pionniers audacieux ont proposé.

Ce qu'ils ont réalisé déjà, le travail immense d'infiltration lente, d'invasion pacifique dans les pays étrangers, les patientes et savantes préparations des conquêtes futures, la création d'un armement de terre et de mer qui passe en nombre et en force tout ce que l'on avait jamais vu, et dont l'initiative est due à ces mêmes pangermanistes, tout cela oblige à reconnaître quel rôle prépondérant est le leur dans l'Etat, et l'on ne saurait suivre d'assez près leurs déclarations et leurs projets. Ce ne sont nullement des paroles en l'air, qu'on en soit bien persuadé.

L'heure est grave. Partout on sent qu'on est à la veille d'événements décisifs où les peuples joueront leur avenir, leur existence. Les pangermanistes, pleins de confiance dans la pesanteur du « poing allemand » poussent à la violence. Une nouvelle satisfaction vient de leur être donnée par l'augmentation de l'armée et le milliard prélevé sur la fortune publique.

Ils ne voudront pas qu'une telle force s'use dans l'inaction.

NOTES

(1) Ce furieux amour de justice et d'équité n'enflamme pas seulement la belle âme des pangermanistes. Tous les Allemands s'en prétendent embrasés. C'est une des principales parmi les innombrables vertus dont ils se parent.

« La vanité nationale des Allemands, c'est d'avoir la justice de leur côté... Justes jusqu'à l'injustice, c'est le devoir de ces honnêtes Allemands ».

L. Boerne, homme de lettres, né à Francfort en 1786.

« Les Allemands embrassent toujours volontiers la cause de la justice, et c'est même une particularité du caractère allemand que de tenir de préférence pour juste la cause qui est la plus faible. »

Prince de Bulow.

Toutes les écoles allemandes ont des livres de lecture dont le but est de révéler au jeune écolier combien il est supérieur en tout aux enfants des autres nations.

Dans ce but, un nommé Silth a écrit sous le titre : « Le petit garçon allemand » une poésie dont nous détachons cette strophe :

Je suis un petit garçon allemand et je dois m'en réjouir.
Un homme allemand est honnête, moi aussi je serai honnête.
Que la justice seule soit ma gloire
Pour protéger la propriété d'autrui.
Je suis un petit garçon allemand, le droit est sacré pour moi.

Avec un pareil dressage, on s'explique que le peuple allemand puisse écouter imperturbablement des déclarations comme celle du prince de Bulow, disant à la tribune du Reichstag, 22 janvier 1903.

« L'Allemagne est la conscience morale du monde. »

(2) Les paroles ci-après d'un professeur expriment l'opinion non seulement des « intellectuels » allemands, mais de tous les gens d'outre-Rhin :

« Les Polonais sont un peuple laborieux, prévoyant, économe, aimant leur terre, donc un peuple à ce point de vue de beaucoup supérieur aux Allemands ; cette supériorité inaccessible aux Allemands est un vrai danger qu'il ne faut pas oublier. La seule chose qui permette aux Allemands de tenir tête aux Polonais, c'est la force matérielle ; il faut donc en user largement pour anéantir les Polonais, serait-ce même de force. Si ce principe de lutte a été toujours indiqué, il l'est davantage aujourd'hui, c'est-à-dire au moment où les Polonais sont bien organisés et où ceux qui luttent contre les Allemands ne sont pas une exception, mais forment la totalité de la nation. »

(Conférence faite à l'Académie de Posen (juin 1912) par le professeur Bernard, auteur du livre: *Das polnische Gemeinwesen im Deutschen Staat.*)

Politiciens, universitaires et étudiants, journalistes, bourgeois et socialistes sont tous d'accord sur ce point. Avec l'historien Treitschke, ils crient tous bien haut : « Que l'aigle des Hohenzollern conserve dans ses serres la proie qu'il a conquise ! » et avec Guillaume II : « Là où un homme allemand tombé en accomplissant son droit est enterré, là où l'aigle allemand a enfoncé ses serres dans un pays, ce pays est allemand et doit rester allemand ».

Le « droit du poing » a pris chez les Allemands un véritable caractère de légitimité, de sainteté, pourrait-on dire. Pas un d'eux aujourd'hui ne rougirait des crimes qu'ils ont commis en son nom. Ils en sont arrivés à étaler avec une surprenante ingénuité, non seulement chez eux, mais à l'étranger, devant leurs victimes mêmes, cette sorte d'amoralité.

Nous en trouvons un exemple typique dans le discours prononcé par M. Hans Lachmund au cours d'une conférence organisée par M. Marc Sangnier, fondateur du « Sillon ».

On parlait de la Pologne, « Un peuple qui ne veut pas mourir », et voici quelques phrases de la réponse de cet Allemand :

« Bien que je sois Allemand, je dois reconnaître que les Polonais qui veulent reconstituer leur royaume, sont dans leur droit. Si j'étais Polonais, je serais comme eux. » M. Lachmund, ceci concédé, prétend que les Polonais doivent cependant s'estimer très heureux d'être devenus Allemands. « On a détruit la nation polonaise. Il y avait pour ainsi dire un droit de la culture la plus élevée qui a absorbé et détruit la Pologne... Si l'on voulait maintenant résoudre la question polonaise, il ne faudrait pas méconnaître les faits. Une Pologne rétablie, qu'est-ce que ce sera ? C'est la perte de l'Allemagne. »

M. Lachmund énumère toutes les terres volées que l'Allemagne serait obligée de restituer.

« Cela veut dire que le droit de la nationalité que vous réclamez et que je réclame aussi avec vous entraînerait une injustice aux dépens de l'Allemagne. Pour y arriver, il faudrait passer sur le corps de l'Allemagne. Comme nous l'a dit M. Sangnier, l'Allemagne est un monstre et un monstre puissant, et il est très dangereux de marcher dessus. Je me résume. J'estime que le droit historique que réclame la Pologne est vrai. Je reconnais que c'est une nation qui ne veut pas mourir et ces mots-là font admirablement comprendre la situation. Mais il ne faut pas regarder un seul côté de la question ; l'injustice n'est pas si grande envers la Pologne qu'on le dit. D'autre part, une revanche polonaise, cela veut dire que l'on porterait atteinte aux droits de l'Allemagne. »

Comment accorder de pareils sentiments avec le fameux amour de la justice dont se vantent tant les Allemands ? Le docteur Daniel, l'illustre géographe dont nous avons déjà parlé, nous l'expliquerait aisément. Dans son livre « L'Allemagne décrite d'après sa situation physique et politique », il fait un portrait de l'Allemand. En voici quelques traits : « Le peuple allemand a dans le caractère de merveilleux contrastes... C'est le fait d'une nature superficielle et plate que de ne pouvoir contenir toutes les contradictions ».

Les Allemands ne veulent pas être rangés parmi les nations superficielles et plates et, ainsi que disait M. Marc Sangnier, répondant à l'Allemand plein de « merveilleux contrastes » :

« Le monstre allemand ne peut donc vivre qu'en opprimant, à droite et à gauche, des peuples qui ne veulent pas marcher avec lui, il meurt le jour où il n'a plus que des enfants auxquels la justice lui donne droit. »

(3) Depuis longtemps, les pangermanistes demandaient contre les Polonais les mesures les plus dures, les plus cruelles. Le gouvernement, bien d'accord avec eux en principe, se préparait en attendant le moment favorable. Il vint enfin, à la grande joie des Allemands assoiffés de justice. En 1902, en son congrès d'Eisenach, l'Association pangermaniste manifestait sa joie. « Les pangermanistes n'ont jamais proposé de lois ; ils se sont bornés à montrer le chemin. Enfin le gouvernement se décide au combat... » Ce n'est qu'en 1907 que leurs vœux devaient être complètement exaucés. Une loi était enfin votée qui, sous couleur d'expropriation, permettait à l'administration prussienne de chasser les Polonais de leurs maisons et de leurs terres.

Même au Landtag de Prusse, la loi ne passa pas sans opposition. Nous devons noter la protestation du cardinal Kopp au nom de l'humanité, celle du vieux feld-maréchal comte de Haeseler. Au prêtre et au soldat se joignirent seuls quelques grands propriétaires prussiens, inquiets des armes qu'on donnait aux socialistes. « Ma conscience ne me permet pas de voter la loi, déclare le comte de Schulenburg, on pourrait plus tard renverser les mêmes arguments et vouloir exproprier les grands propriétaires fonciers ; je ne veux pas que ce jour-là nos petits-enfants puissent maudire leurs pères. » Divers amendements furent proposés pour adoucir les cruautés de l'abominable loi. Le prince de Bulow parla plusieurs fois. De tous ces discours nous ne citerons qu'une phrase. Elle serait digne de la célébrité qui s'attache à quelques autres dictées, on le croirait, à certains politiciens, par une volonté mystérieuse et vengeresse :

« Le Gouvernement royal demande l'expropriation, parce qu'il y voit un moyen dur, il est vrai, mais le seul efficace. Votre commission a reconnu dans sa majorité que l'expropriation est nécessaire, mais elle a tant restreint cette mesure que son efficacité en souffre. Quand on a recours à une loi d'exception, à une mesure dure, je le concède parfaitement, il faut être sûr du plein succès, et il ne faut pas affaiblir cette mesure de telle sorte que l'*odieux* en reste, mais que l'effet manque et que la mesure soit inutile. »

(Séance du Landtag de Prusse du 27 février 1907.)

Donc la loi *odieuse* fut votée et dans la majorité, il faut mettre en valeur la présence des pasteurs, des savants et des professeurs d'Universités, de ceux qui, dans la noble chambre, représentent le mieux l'Allemagne pensante. La voix d'aucun de ces pontifes de la science indépendante, de ces fameux champions de la liberté de pensée n'osa s'élever à la tribune pour protester au nom des grands principes du droit et de l'humanité dont ils se prétendent les véritables représentants. C'est à un chef des catholiques et à un vieux soldat — le sabre et le goupillon — que tous ont laissé cet honneur. Comment soutiendrait-on maintenant que l'Allemagne intellectuelle n'est pas pangermaniste ?

(4) « Plus le *Vae Victis* sera inexorable, plus assurée sera la paix qui suivra ; dans l'antiquité, un peuple vaincu était anéanti ; on ne peut plus aujourd'hui le faire *physiquement*, mais on peut imaginer des conditions qui équivaudraient à un anéantissement ». (L'Allemagne au commencement du XXe siècle, par un Allemand. *Deutschland bei Beginn des XX. Jahrhunderts*, Berlin, *Militaer Verlag*, 1900.)

« L'expérience a démontré que la politique dite de « culture » dans l'Etat prussien a conduit, en réalité, à mettre pour la lutte contre nous des armes dans les mains des ennemis de notre peuple. Nous n'avons, au point de vue national, aucun intérêt à ce que les Polonais reçoivent individuellement une culture plus élevée, car, presque sans exception, elle augmentera leur sentiment national, et dans la lutte économique, les rendra plus capables de nous faire concurrence. Dans la grève des écoliers polonais, il devient notoire que les Polonais, excités par leur clergé, repoussent le bienfait d'un relèvement de leur culture que l'Etat prussien leur offre, contrairement à nos intérêts allemands. Le moment semble dont opportun pour rompre avec le système employé jusqu'ici. L'association pangermaniste prie donc le gouvernement prussien de décider que les enfants polonais qui ne se soumettront pas à la discipline scolaire seront exclus immédiatement et de façon définitive et de présenter aussitôt à la Chambre des Députés de Prusse un projet de loi donnant au gouvernement prussien le pouvoir de suspendre l'obligation scolaire générale, selon les besoins, dans les régions prussiennes habitées par les Polonais. » (Vœu présenté au gouvernement par le comité de l'Association Pangermaniste en décembre 1906.)

« Nous devons nous demander quelle raison nous avons de donner aux Polonais la culture allemande qui ne sert qu'à leur fournir des armes pour nous combattre économiquement, et qu'à les pousser par la force sur un terrain où l'Etat constitutionnel ne peut leur imposer aucune limite et où ils sont le plus dangereux pour nous, le terrain économique... Comme par suite de notre grande augmentation de population, nous sommes dans l'heureuse situation de trouver en nous jouant les recrues dont nous avons besoin, ne devrions-nous pas chercher aussi à remplacer les soldats polonais par des Allemands, faire du « devoir de maîtres » du peuple allemand à remplir les devoirs militaires un « droit de maîtres », quand même cela devrait sembler un allègement des devoirs civiques des Polonais ? » (Article de M. Samassa, rédacteur en chef des *Feuilles pangermanistes*, 8 décembre 1906.)

« Nous ne pouvons pas espérer réconcilier les Polonais avec nous, car une réconciliation équivaudrait à une renonciation aux intérêts nationaux d'un côté ou de l'autre. Que ceux qui ne veulent pas apprendre dans les écoles allemandes en trouvent d'autres ; que ceux qui ne veulent pas aller dans les églises allemandes s'en tiennent éloignés. Nous sommes soumis en Allemagne à l'obligation scolaire générale. Ceux des Polonais qui se mettent en dehors de cette loi n'ont besoin de rien apprendre. Le Deutschtum n'y perdrait rien si les Polonais ne savaient pas lire. Le service divin polonais, et les écoles polonaises privées devraient être interdites dans toute l'Allemagne. Que ceux à qui ces ordonnances ne conviennent pas cherchent en dehors de l'Allemagne leur pain et leur instruction. Notre question ouvrière pourrait certainement être résolue sans le concours des Polonais. Mais sans l'interdiction scolaire indiquée, il ne faut pas à mon avis, compter sur le succès. » (*Article de* M. G. Cleinow, dans la *Münchener Allgemeine Zeitung*, décembre 1906.)

« On ne peut davantage accorder aux Polonais l'égalité entière avec les Allemands. Il faudrait alors admettre deux langues dans les postes, l'administration, la justice, créer des écoles et des Universités polonaises. On voit que d'aucune façon nous ne pouvons satisfaire les Polonais dans leurs désirs nationaux. Si d'un autre côté, il faut avouer qu'en présentant ces désirs, ils exercent un droit moral, et même dans une certaine mesure, un devoir moral, on devrait renoncer à discuter inutilement pour savoir si c'est l'Allemand ou le Polonais qui est dans son droit... Subjectivement, les deux partis sont dans leur droit, c'est pourquoi objectivement nous n'avons pas affaire à une question de droit, mais à une question de principe. Ces derniers sont en définitive décidés par le fer et le sang, et si, dans le conflit entre Polonais et Allemands, le langage du fer et du sang s'est fait entendre à plusieurs reprises, ce n'est que la confirmation du caractère de la question polonaise comme question de puissance. L'Association pangermaniste, persuadée qu'aucune réconciliation n'est possible, persiste dans sa ligne de conduite et fait un travail de pionnier dans les marches de l'Est. » (*Feuilles pangermanistes*, 23 mars 1907.)

(5) Nous avons montré dans ce livre un Allemand qu'on ignore généralement, que nos intellectuels s'attachent à nous cacher. Les Français qui ont voyagé en Allemagne ne voudront pas y croire. Ils ont été accueillis avec de si belles paroles, on leur a manifesté de si beaux sentiments, ils ont même vu couler de si vertueuses larmes sur l'honnête face de tous ces braves gens qui juraient aimer la France, les Français et ne vouloir que notre bonheur !

Comment imaginer une telle duplicité ?

Il faudrait donc croire ce que disaient les anciens des Allemands de leur temps ?

« Il est fort utile de se méfier des Germains, quiconque s'en remet à leur bonne foi finit par s'en trouver mal. » Strabon.

« Rusés dans la férocité, nés pour le mensonge. » Vellejus Paterculus, général romain du Ier siècle après J.-C.

Nous n'en demanderons pas tant pour commencer. Les transitions doivent être ménagées et il ne faut pas brusquer les esprits qui se croient en possession d'une opinion les mettant à part et au-dessus du vulgaire.

Nous nous bornerons à demander à ces admirateurs de l'Allemagne de vouloir bien oublier pour un instant leurs partis pris, de réfléchir sans prévention à ce que nous venons d'exposer dans cette étude et de peser la valeur des documents incontestables que nous avons reproduits parmi tant d'autres.

Et puis qu'ils se rappellent les paroles déjà citées du célèbre géographe Daniel, de ce professeur dont les ouvrages atteignent des 203 éditions. « Le peuple allemand a dans le caractère de merveilleux contrastes. »

« C'est le fait d'une nature superficielle et plate que de ne pouvoir contenir toutes les contradictions. »

« Deux âmes demeurent, hélas ! dans ma poitrine » s'était déjà écrié Gœthe.

On a dit aussi : « L'Allemand est une sorte de bicéphale. Il pense et rêve avec une tête ; il se conduit et agit avec une autre ».

Voilà qui explique tout : contradictions, merveilleux contrastes, deux têtes sous le même casque à pointe...

Soit ! ne parlons plus de duplicité.

Ceux de nos lecteurs qui ont mêlé leurs larmes pacifistes aux larmes humanitaristes des sensibles Allemands qui les pressaient sur leurs loyales poitrines devront se dire, maintenant, que ce sont eux, natures superficielles et plates, qui ont eu tort de ne pas être assez subtils pour déchiffrer ces âmes allemandes ondoyantes, diverses, finement nuancées, mais toujours loyales, franches et limpides comme le cristal.

Ils comprendront que ces merveilleuses natures, si complexes, peuvent avoir une sorte de sincérité quand elles parlent de leurs bons sentiments. Il suffit d'avoir la chance de s'adresser à celle des deux têtes qui pense et rêve et non à celle qui conduit et agit.

Souvenons-nous enfin que, dès l'école, on apprend à l'Allemand qu'il a toutes les vertus, toutes les puissances, que nul n'a plus de cœur, plus d'intelligence et qu'il est fait pour édifier et conduire le monde.

Très énergiquement pénétré de sa supériorité, de son esprit de justice, de sa bonté intime, il va, agit, régente, commande, brise, écrase, bien persuadé d'être l'instrument béni de la volonté divine. Il se juge toujours sur ses sentiments, non sur ses actes, ce qui lui permet de s'affirmer qu'étant si plein de sensibilité, il ne peut pas commettre de crimes.

Nous concéderons donc aux snobs germanophiles qu'il y a, peut-être, beaucoup d'inconscience dans l'âme allemande.

Mais ce n'est pas une raison suffisante pour que nous soyons victimes de ses incohérences. Que cette belle âme si pleine de merveilleux contrastes rentre donc avec ses deux têtes dans les limites naturelles de la véritable Allemagne et qu'elle n'en sorte plus. Qu'elle laisse vivre en paix les nations qui s'accommodent de leur nature superficielle et plate, et ne veulent pas renoncer à leur indépendance, à leur personnalité, quelque inférieure qu'elle soit.

Il s'est fait de grands changements dans le monde et les Allemands devraient essayer de le comprendre, s'ils veulent échapper à de terribles catastrophes.

On en a assez de leur lourde domination. Les peuples qui en sont las deviennent de plus en plus nombreux et le jour n'est pas éloigné où ils le signifieront autrement que par des paroles.

(6) A LA POLOGNE.

Jusqu'au jour, ô Pologne ! où tu nous montreras
Quelque désastre affreux, comme ceux de la Grèce,
Quelque Missolonghi d'une nouvelle espèce,
Quoi que tu puisses faire, on ne te croira pas.
Battez-vous et mourez, braves gens. L'heure arrive.
Battez-vous ; la pitié de l'Europe est tardive,
Il lui faut des levains qui ne soient point usés.
Battez-vous et mourez, car nous sommes blasés !

ALFRED DE MUSSET.
Œuvres posthumes, 1831.
Edition Charpentier.

(7) Quelques-uns des mensonges historiques dont les Allemands avaient confié l'entretien en France à nos intellectuels sont aujourd'hui décidément relégués aux vieux papiers.

Le style architectural, si faussement appelé gothique, dont l'Allemagne tirait si grand orgueil, le donnant comme la plus sublime preuve de son superbe génie, est en réalité un art purement français, né au cœur même de notre pays, en Picardie, en Champagne, dans l'Ile de France. Les Allemands nous l'avaient volé comme tant d'autres choses. Leurs savants, forcés par l'évidence, ont dû nous le restituer.

Il en est de même pour l'Alsace dont l'origine gauloise fut si longtemps et si violemment contestée par les Allemands. Cette origine est maintenant acceptée par leurs Doctors. Leurs livres de classe pour les écoles ont renoncé à faire de la vieille Alsace une terre germanique. Nous nous contenterons d'emprunter à l'un d'eux la citation suivante :

« Dans les temps gris de la préhistoire, il y a plus de 2000 ans, sur les deux rives du Rhin supérieur demeurait le peuple Celte. Trois tribus de ce peuple résidaient sur le Rhin supérieur : au nord les Médiomatrices, au sud les Rauraques et les Séquanes. C'est par eux que les premières villes furent fondées en Alsace. Les montagnes et les fleuves reçurent d'eux leurs noms ».

(*Elsaessische Geschichtsbilder für die Schulen*. Tableaux d'histoire alsacienne pour les écoles, par J. Slawyk, inspecteur impérial d'arrondissement. Strasbourg, 1890.)

Cette question réglée en Allemagne, il nous reste à la régler chez nous, ce qui sera moins facile avec nos internationalistes. Ces messieurs ont absolument besoin du mensonge de l'Alsace allemande pour justifier leur campagne antipatriotique de renoncement et de soumission à leurs amis nos ennemis héréditaires.

CHAPITRE IV

La Langue allemande, instrument de conquête.

« Partout où résonne la langue allemande, là est la patrie de l'Allemand », écrivait Arndt, le poète chauvin, et depuis cent ans que les Allemands chantent à tout propos ce chant de guerre, personne chez nous ne s'est avisé d'en peser les paroles ni de se demander ce qu'elles signifient exactement.

Ce que nous devons souligner d'abord dans l'expression de la pensée germanique, c'est la conviction, répandue dans toute la population de l'empire, que l'Allemagne a sur toutes les autres nations une supériorité morale et « culturelle ». Depuis l'enfance dans les manuels scolaires, plus tard dans les journaux, les livres d'étrennes et les ouvrages grands et petits, dans les manifestations oratoires des innombrables sociétés auxquelles tout Allemand est incorporé, toujours se retrouve la même exaltation : « Allemagne, Allemagne au-dessus de tout, au-dessus de tout dans le monde ! »

On pourrait multiplier à l'infini les citations de ce genre.

Près d'un demi-siècle de triomphes démesurés justifie aux yeux de l'Allemand cette hypertrophie d'un orgueil que plus rien ne surprend. Il se croit maintenant appelé à dominer et surtout à régénérer le monde. Sur ce point encore, la littérature chauvine est inépuisable. Elle peut se résumer par cette expression devenue un cliché d'usage courant : « Nous sommes un peuple de maîtres », par ce vers d'une poésie populaire : « Tu es le berger du grand troupeau des peuples », et par ce distique devenu proverbial : « Le monde guérira un jour par le caractère allemand ». (Und es soll am deutschen Wesen die Welt einmal genesen.)

***

Aujourd'hui l'avenir n'a plus d'incertitude pour «l'homme allemand ». Des difficultés seulement se présentent, et cela n'est pas pour l'inquiéter. Dans les frontières de l'empire devenues trop étroites, 60 millions d'hommes se pressent pour faire place à 800.000 âmes qui tous les ans s'ajoutent à la population.

Autrefois l'émigration était une solution. Aujourd'hui l'émigré ne doit plus perdre sa nationalité, son caractère germanique, quel que soit le pays qu'il choisit. Une longue liste de ces pays a été dressée. Tous devront être annexés au fur et à mesure des besoins, dès que des circonstances favorables le permettront. En attendant, la conquête pacifique en est poursuivie méthodiquement, préparant la conquête par les armes.

Colonisation pacifique et maintien de la personnalité germanique doivent être assurées surtout par la conservation de la langue allemande. Le gouvernement de Berlin et les pangermanistes prodiguent les efforts et les sacrifices pour cette protection de la langue nationale en pays étranger et l'usage en est considéré comme le signe certain auquel on reconnaît « l'homme allemand ».

Mais la langue allemande n'est pas une. Il y a le haut, le bas, le plat allemand ; il y a les dialectes et puis, sur les frontières de la véritable Allemagne, une infiltration s'est faite fatalement. Rien dans la nature n'est séparé nettement : tout se lie, se fond. Un lent usage a introduit dans le langage étranger des voisins des mots, des formes allemandes apportées par les immigrants. Pour « l'homme allemand », cela décide de tout. La contamination germanique à n'importe quel degré, à n'importe quelle époque suffit à établir des droits aux futures revendications, et ceci nous intéresse particulièrement, car la Gaule fut conquise jadis par les Germains... C'est bien ancien, mais pour les docteurs d'outre-Rhin, on le sait, le temps ne fait rien à l'affaire. Nous nous sommes affranchis lentement, par un travail de nombreux siècles, nettoyant pied à pied notre sol des limons qu'y avait déposés l'inondation des vieux barbares. Le centre ne garde plus de traces du passage de l'ennemi héréditaire. Mais à mesure que l'on s'approche du Rhin, les provinces françaises tardivement délivrées présentent encore un vernis teuton plus ou moins craquelé qui fournit prétexte aux revendications.

Dans les pays qui se sont dégagés des serres de l'aigle allemand, les pangermanistes s'efforcent, en attendant mieux, de maintenir l'usage de la langue allemande. Dans ce but fut fondée une œuvre des plus importantes, « l'Union des Ecoles allemandes pour le maintien du germanisme à l'étranger ». (Deutscher Schulverein zur Erhaltung des Deutschtums im Auslande.)

Chaque année, cette société publie un rapport très intéressant. Nous y apprenons que ces dernières années, la subvention du gouvernement, qui n'était autrefois que de 300.000 marks, se montait à 850.000 marks, soit un million 62.500 francs pour 258 écoles. C'était encore insuffisant et l'on demandait à grands cris une augmentation de subsides.

Où y a-t-il des écoles allemandes ? Partout. Aux Etats-Unis, dans ces immenses colonies allemandes qui envahissent les trois plus belles provinces du Brésil et y forment un Etat dans l'Etat avec écoles, églises et municipalités complètement allemandes ; en Argentine, en Afrique australe, en Asie-Mineure, en Turquie, en Italie, en Angleterre, en

Belgique, à Paris et à Marseille, sans compter les nombreux pays que nous passons sous silence. Toutes ces écoles sont sous la protection du gouvernement. Des visites fréquentes des ambassadeurs et des consuls éblouissent les élèves et stimulent le zèle des maîtres.

Ecoutons ce que disent du rôle de ces établissements les *Feuilles pangermanistes* des 12 et 19 octobre 1907 : « Cette école fortifie chez les enfants le fier sentiment d'appartenir à un grand peuple et contribue à fortifier le germanisme à l'étranger... L'enfant reçoit en lui, par l'instruction, l'esprit, le caractère allemand, la manière allemande de sentir et de penser, et les transmet tout à fait inconsciemment aux membres de sa famille. Il apporte pour ainsi dire à la maison paternelle l'atmosphère de l'école, et il agit ainsi dans le sens national allemand ».

Mais un second avantage considérable s'ajoute à celui-ci : « L'éducation scolaire nationale des Allemands à l'étranger agit aussi d'une façon très avantageuse pour les tendances allemandes sur les enfants étrangers qui fréquentent l'institution parfois en très grand nombre dans les villes. Les écoles allemandes à l'étranger, ces « soutiens du filet de culture tendu sur la terre », ne répandent pas seulement parmi ceux-ci la connaissance de notre langue, rehaussant ainsi son importance pour les relations mondiales et pour notre expansion outre-mer, devenue aujourd'hui pour nous une nécessité vitale ; ils les élèvent aussi en amis des mœurs, du caractère et de la mentalité allemande, de sorte que beaucoup d'entre eux entreront plus tard en relations plus étroites avec l'Allemagne, sutout au point de vue commercial, et combattront les courants germanophobes à l'étranger. Cette propagande nationale ne peut qu'influencer favorablement la situation de l'empire allemand dans le monde. La forte augmentation des écoles allemandes à l'étranger dans ces quinze dernières années et le rapide accroissement de notre commerce mondial pendant le même laps de temps ont ensemble une étroite corrélation ».

***

La création et le maintien de ces écoles et, par elles, de l'usage de la langue allemande à l'étranger, ne va pas sans lutte. S'il est des pays bénévoles qui, comme la France, ne songent guère à protester, qui ignorent peut-être même leur formidable population allemande, d'autres s'alarment de voir s'établir chez eux ces représentants d'une nation éminemment conquérante qui prétendent ne vivre qu'à leur guise, importer leurs mœurs et créer chez autrui une petite Allemagne.

« On ne voit pas, disent les *Feuilles pangermanistes* du 23 mars 1907, on ne voit pas qu'en soi-disant temps de paix aussi, une guerre perpétuelle est menée, dont les batailles ne se livrent pas à la frontière des Etats, mais aux frontières de langues et de peuples... On peut toujours prendre tôt ou tard une revanche d'une bataille perdue, mais ce qu'on perd dans cette lutte de tous les jours risque d'être perdu pour toujours ».

De ce point de vue vient l'âpreté avec laquelle l'Allemagne défend ses « îlots » à l'étranger et s'efforce en même temps d'empêcher l'usage et l'enseignement de la langue nationale des peuples chez qui elle a pu prendre pied.

La Bohême est un des pays où la lutte est devenue la plus furieuse. Après des massacres et des proscriptions, les Allemands y étaient devenus maîtres. Ils croyaient avoir tué la nationalité tchèque et supprimé la langue, lorsque, au commencement du XIXe siècle, un réveil subit du patriotisme dressa la nation pour un combat suprême qui se poursuivit plus ardent d'année en année et n'est pas encore terminé. A deux reprises, en 1871 et en 1897, le gouvernement de

Berlin agit directement et par intimidation sur celui de Vienne, et l'obligea à retirer des ordonnances par lesquelles il avait accordé aux Tchèques le libre usage de leur langue nationale dans certaines administrations. C'est à ce moment que l'odieux Mommsen publia sa fameuse lettre exhortant les Allemands d'Autriche à en finir avec cette Bohême rebelle : « Surtout soyez durs ! La raison n'entre pas dans un crâne tchèque, mais il est sensible aux coups : soyez durs ! »

Les troubles de ces dernières années, les émeutes dans les rues de Prague, provoquées par l'insolence des étudiants allemands, la mise en état de siège de la ville et la potence dressée sur les places, puis tout récemment la dissolution de la Diète de Bohême sont une suite de cette longue bataille qui ne se terminera que lorsqu'on aura enfin reconnu aux Tchèques le droit d'être les maîtres dans leur propre pays.

En Suisse, la lutte est continuelle. De même en Belgique où le cri d'alarme signalant l' « invasion pacifique » fut entendu et provoqua un mouvement de réaction.

En 1902, les Allemands osèrent demander au Parlement belge que la langue allemande fût reconnue comme troisième langue officielle du pays. Pour appuyer leur réclamation, ils se gardèrent de parler des milliers de nationaux allemands qui ont envahi les industries, le commerce, la banque, les ports et qui, en cas de guerre, constitueraient un véritable péril national. Ceux-là, il est sage de les laisser dans une ombre discrète et propice. Mais ils alléguèrent qu'il existe dans l'est de la Belgique une petite enclave de langue allemande dont la principale localité est Arlon, et qu'à cause de ces quelques milliers de demi-Allemands, il convient de reconnaître officiellement et d'imposer l'idiome germanique dans un pays où, sur 6 millions d'habitants, ceux qui ne parlent que l'allemand ne représentent que 0,4 o/o de la population.

Cela ne doit pas surprendre. Du moment où il s'agit de

la langue unique, de celle que l'on voudrait faire adopter partout, à qui l'on voudrait faire reconnaître un caractère en quelque sorte sacré, tout devient naturel et légitime. La moindre atteinte à ses privilèges est un crime de lèse-civilisation qui provoque les exclamations furieuses ou les plus touchantes protestations au nom de l'équité, de la justice suprême.

Dans cette dernière note, nous citerons comme type un article des *Feuilles pangermanistes* du 12 mai 1907 : « Le droit à la langue maternelle est un droit naturel garanti par la Constitution belge. Dans un pays étranger, tout étranger doit se sentir chez lui, et il ne le peut que lorsque l'on maintient le libre usage de sa langue maternelle, avec laquelle, d'ailleurs, un peuple reste debout ou tombe. Aucune minorité ne doit être opprimée. »

Ce n'est pas d'aujourd'hui que date cet étalage de beaux sentiments, mais c'est depuis les triomphes de 1866 qu'on en renforce l'éloquence par des menaces à l'égard de ceux qui ne se montrent pas assez dociles.

En février 1870 parut à Berlin un livre de M. R. Bœck : *Statistique de la race et de la langue allemandes dans les Etats européens* qui formule nettement les privilèges que désormais les Allemands sont décidés à exiger pour leurs nationaux vivant à l'étranger. Après une dissertation pour établir que la langue est la base organique des nationalités, l'auteur s'élève avec indignation contre les Etats qui imposent une langue officielle et cherchent à remplacer et à détruire la langue maternelle d'une population. La langue officielle doit restreindre son empire aux affaires d'intérêt général. « Faire prévaloir en ce sens le principe de la nationalité au profit de son propre peuple, comme au profit de tous les peuples qui souffrent de l'oppression d'une langue étrangère et qui peuvent en être délivrés par la victoire de ce principe, c'est la glorieuse mission de notre nation allemande ».

Tout serait à citer dans ce livre qui ne se montre aussi respectueux des droits des minorités qu'afin de justifier ses menaces à la France, coupable de combattre sournoisement l'usage de l'allemand en Alsace et en Lorraine. La paix entre les deux nations ne pourra être maintenue que si la langue allemande devient la langue des tribunaux dans les localités où sont fixés des Allemands, si le service divin est célébré en allemand, des écoles allemandes réservées aux enfants de parents allemands, et enfin si le génie allemand exerce son influence dans les établissements d'instruction supérieure destinés aux Allemands.

« La nation allemande fera valoir cette exigence dans toute la France du nord-est qui, habitée par des Allemands, était autrefois du domaine de la langue allemande, c'est-à-dire dans une étendue de 250 mille carrés, comprenant environ 1.427 communes et 1,360.000 habitants. On exigera que la langue allemande soit remise en possession de ses anciens droits, que la population soit protégée dans l'usage de cette langue, que la culture de la langue allemande soit encouragée et que le retour à cette langue soit facilité à ceux qui ont été francisés par ruse et par fourberie. Ce sont là les exigences de l'Allemagne ».

Les victoires de 1870 devaient, peu de mois après, combler, et bien au delà, les vœux de ce fougueux pangermaniste avant la lettre.

Nous ne pousserons pas plus loin nos citations. Il n'est pas de nation qui n'ait eu à supporter les anathèmes de ces vertueux champions des opprimés.

Comment se peut-il après cela que ces mêmes Allemands qui placent si haut la langue maternelle, qui en considèrent l'usage comme un droit primordial et imprescriptible, puissent changer si complètement d'opinion lorsqu'il s'agit de la langue maternelle des peuples qu'ils ont conquis ? On sait, sans que nous y insistions, avec quelle implacable méthode ils proscrivent l'emploi du français dans les deux provinces qu'ils nous ont arrachées.

Depuis 1871, les Allemands s'appliquent à empêcher qu'on parle français dans les familles alsaciennes. Ils vont jusqu'à injurier dans la rue, à interpeller grossièrement et en se moquant, les dames et les jeunes filles qui causent paisiblement dans la langue de leurs pères. On raconte aujourd'hui encore presque quotidiennement dans les journaux alsaciens des anecdotes de ce genre. Les vainqueurs interdirent également les inscriptions funéraires en français. Aussi, dans les cimetières d'Alsace, voit-on maintenant les inscriptions réduites à leur plus simple expression, des noms, des dates, parfois une épitaphe en latin.

L'enseignement du danois est de même interdit dans le Schleswig-Holstein et celui du polonais dans la partie de la Pologne que les Prussiens se sont appropriée.

Mais on ne sait peut-être pas assez qu'ils agirent toujours ainsi. Après la guerre de Trente ans, au XVIIe siècle, lorsqu'ils eurent enfin terrassé la Bohême, leur premier soin fut de fermer les écoles tchèques, d'interdire les offices religieux en cette langue, de faire brûler par la main du bourreau tous les livres tchèques qu'ils purent saisir et de défendre absolument qu'il en fût imprimé d'autres.

Pour la Pologne, c'est au lendemain même d'Iéna que la Prusse, essayant de se relever de ses désastres, arrêta le plan d'extermination pacifique, — s'il est permis d'employer ces deux termes contradictoires — qui est suivi aujourd'hui méthodiquement, après l'avoir été par à-coups durant le XIXe siècle.

Une brochure : « *L'insurrection en Pologne, en 1807-08, documents et dossiers du temps entre Iéna et Tilsitt*, par le

Dr Kurt Schmidtmuller (Lissa, 1907) — nous donne entre autres documents intéressants, un rapport au roi Frédéric-Guillaume III, énumérant l'ensemble des mesures de combat qu'avec stupeur nous voyons aujourd'hui appliquer aux Polonais. Rien n'est oublié : expropriations, expulsions, colonisation du pays par des agriculteurs et des artisans allemands, instruction obligatoire allemande, le tout renforcé par les mille petites tracasseries d'une police hargneuse. Il y a même à l'article 4 de ce projet une idée que nous ne tarderons sans doute pas à voir mettre à exécution : « 4° Une loi publique décidant qu'après 15 ans, la permission de se marier ne pourra être accordée, à aucun sujet ni à aucun Juif qu'autant que, par des examens et des attestations, il aura prouvé qu'il comprend l'allemand ».

« Cette mesure semble dure au premier abord, ajoute le rapporteur. En l'examinant de plus près, cette apparence disparaît et elle est extrêmement urgente. Ce moyen agira de plus en plus rapidement. Non seulement, il mettra bientôt en circulation la langue allemande, mais la culture, la science, l'ordre, le caractère allemands, seront ainsi le plus sûrement propagés ».

Nous n'insisterons pas ici sur l'abominable loi d'expropriation qui donne le droit à l'administration d'arracher à tout Polonais sa maison ou son champ. Nous nous bornerons à faire connaître les persécutions dont sont victimes les Polonais qui veulent parler leur langue : les employés polonais, même subalternes, sont remplacés par des Allemands ; l'administration des postes interdit les adresses en polonais et perd les lettres contrevenant à cette ordonnance ; les étudiants polonais qui se réunissent pour étudier ensemble l'histoire et la langue polonaises sont poursuivis pour complot contre la sûreté de l'Etat et punis de prison ; même les jeunes filles sont soumises à ce traitement ; on confisque les livres polonais trouvés dans les perquisitions et l'on arrête dans la rue les gens qui chantent des chansons en langue proscrite.

C'est l'école qui, suivant la vieille méthode, est l'objet des mesures les plus tyranniques.

Depuis de longues années, l'instituteur allemand s'ingénie à torturer le petit Polonais, à lui infuser, à force de châtiments corporels, la langue germanique qu'il ne veut pas apprendre. Après une lutte sourde et obscure, tout à coup, le conflit devint aigu lorsque, en 1901, eut lieu la fameuse affaire de Wreznia, où des parents polonais prirent d'assaut l'école allemande pour arracher leurs enfants aux maîtres qui les rouaient de coups. Pour cette intervention si humaine et si naturelle, on les condamna à des peines énormes. Une pauvre veuve, mère de sept enfants, se vit infliger deux ans et demi de prison.

La lutte devint plus ardente encore lorsque, en 1906, éclata la singulière et poignante « grève des écoliers polonais ». Plus de 100.000 enfants, garçons et fillettes de tout âge, refusèrent pendant des mois, avec un stoïcisme que ne réduisaient pas des châtiments allant jusqu'à la torture, de réciter le catéchisme en allemand. Cette fois encore, les procès et les emprisonnements furent nombreux. Les juges prussiens prononcèrent la déchéance des parents dont les enfants refusaient de prier en allemand à l'école et mirent ceux-ci dans des maisons de correction. Des journaux, comme la *Tägliche Rundschau*, approuvaient, sommaient les autorités prussiennes de faire usage de l'article 1666 du Code civil, suivant lequel on donne un tuteur à l'enfant « quand le père néglige l'éducation de son enfant ou qu'il menace sa moralité par sa conduite... C'est menacer la moralité d'un enfant que lui représenter comme morale et permise une action qui constitue un acte de haute trahison... Il faut donc, dans certains cas, enlever l'enfant polonais à ses parents et le confier à une famille allemande dont la tâche est de le soustraire aux influences néfastes qui se sont exercées sur lui. Il va sans dire que le père devra payer les frais de cette éducation ».

Enfin, en 1907, une loi fut votée, visant tout spécialement la Pologne, et par laquelle il est interdit de parler des langues étrangères dans les réunions publiques tenues sur le territoire de l'empire allemand.

Qu'obtiendront les Allemands avec ces persécutions ?

L'exemple de la Bohême devrait leur apprendre qu'on ne tue pas une nation. Ce qui s'est passé dans les Balkans après cinq siècles de domination turque le prouve aussi. Ils persévèreront pourtant dans cette voie funeste, multipliant les cruautés à mesure que les Polonais s'acharneront à défendre leur personnalité opprimée. L'avenir est sombre, mais parmi tant de drames et de tristesses, l'ingéniosité des vaincus trouve encore à souffleter par le ridicule la lourde barbarie allemande. C'est ainsi que les Polonais, ne voulant pas parler allemand, imaginèrent de tenir des meetings muets.

A l'entrée de la salle, on distribue à tous les assistants des feuilles volantes sur lesquelles sont imprimés en polonais les discours que les orateurs auraient dû prononcer. Chacun, s'étant assis, lit silencieusement sa feuille. De temps en temps, à certains passages, les applaudissements ou les éclats de rire retentissent. Quand la lecture est finie, le président écrit sur un tableau noir, toujours en polonais, l'ordre du jour proposé, qui est voté à mains levées. Et le commissaire s'en va, l'oreille basse, sans avoir eu aucun prétexte d'intervenir, bien que tout se soit passé en langue polonaise.

Nous croyons, dans ce rapide exposé, en avoir dit assez pour prouver le double jeu des Allemands dans la question des langues. Mais comment expliquer une si flagrante duplicité ? Vellejus Paterculus, général romain du Ier siècle, décrivant les Germains de son temps, les peint en une phrase d'une concision lapidaire : « rusés dans la férocité, nés pour le mensonge ». Ceux qui la gardent en leur mémoire n'hésitent pas sur la sentence à rendre. D'autres, plus indulgents, croyant à une sorte d'inconscience, pencheraient pour l'opinion de Napoléon qui, recevant à Erfurt toutes les notabilités allemandes, faisait à l'historien Jean de Muller cette observation : « Ne trouvez-vous pas, monsieur, que les Allemands ont quelque chose de bête » ?

Quoi qu'il en soit, il est temps que les nations soucieuses de leur indépendance prennent de sérieuses mesures contre l'envahissement de leur pays par ces milliers de colons avant-coureurs des armées du « peuple de maîtres » (1).

NOTE

(1) Une brochure très instructive, intitulée *Der deutsche Chauvinismus* (Le Chauvinisme allemand), fut publiée en octobre 1913, par le professeur Ottfried Lippold.

« On exagère, dit-il, l'importance du chauvinisme en France. En Allemagne, au contraire, nous estimons notre propre chauvinisme fort au-dessous de sa valeur. Il a subi dans ces dernières années un très considérable accroissement. Ceux qui ont vécu longtemps à l'étranger et qui rentrent en Allemagne en sont frappés. »

De cette déclaration, nous pouvons rapprocher un document donné par le *Nouvelliste d'Alsace-Lorraine* du 10 octobre 1913, sur l'importance de la presse pangermaniste, c'est-à-dire francophobe.

Voici la liste des principaux de ces journaux, avec le chiffre de leur tirage. On verra si l'on doit continuer à traiter le pangermanisme en quantité négligeable.

A Berlin, on trouve : *Le Lokal Anzeiger* et le *Tag*, à eux deux 35.000 exemplaires ; la *Deutsche Tageszeitung* 290.000 ; la *Täglichc Rundschau* 60.000 ; la *Gazette de la Croix*, la *Post*, les *Berliner Neueste Nachrichten*, le *National Zeitung*, le *Reichsbote*, ensemble 100.000.

Dans le reste de l'Allemagne : les *Leipziger Neueste Nachrichten* 137.000 ; la *Gazette du Rhin* et de *Westphalie*, 140.000 ; les *Dantziger Neueste Nachrichten* 60.000 ; les *Kieler Neueste Nachrichten* 50.000. Mais il est encore beaucoup de feuilles de moindre tirage dont les plus importantes sont : les *Münchener Neueste Nachrichten* de *Munich*, la *Metzer Zeitung*, de Metz ; la *Strassburger Post*, de Strasbourg ; la *Kölnische Zeitung*, de Cologne. Entre toutes, les feuilles nationales libérales sont les plus entachées de pangermanisme.

CHAPITRE V

La cruauté allemande.

C'est en 1864 que commence la série des actes qui rendent Bismarck l'un des plus illustres brigands et l'Allemagne la nation la plus détestée des temps modernes. Deux des provinces danoises, le Schleswig et le Holstein, étaient convoitées par les Allemands. Dirigée par Bismarck, l'énorme Allemagne, Prusse et Autriche en tête, se précipite sur ce malheureux Danemark qui ne comptait pas plus de trois millions d'habitants. Sa petite armée résiste héroïquement, mais les « braves » Allemands, étant dix contre un, finissent par écraser leur adversaire qui doit, le couteau sur la gorge, subir les conditions de paix qu'on lui impose.

Ce traité stipulait que les populations du Schleswig et du Holstein seraient consultées sur leur annexion. Promesse d'Allemands que ceux-ci étaient bien décidés à ne pas tenir. Ayant montré leur force, — la force qui prime le droit, — ils voulurent prouver que leur fourberie et leur mauvaise foi sont, pour le moins, aussi grandes, et les provinces conquises attendent encore que soit organisé le plébiscite pourtant formellement promis par un traité solennel (1).

Il avait aussi été décidé que les Danois qui voudraient conserver leur nationalité pourraient continuer à vivre dans les provinces annexées et ne pourraient en être expulsés que s'ils commettaient des actes insurrectionnels ou illégaux. Cet engagement ne fut pas plus respecté que le précédent. Les expulsions se font toujours sans jugement et suivant le

4

caprice des fonctionnaires. Là, comme partout où dominent les Allemands, le but est simple : chasser du pays tous ses habitants pour les remplacer par de purs Allemands.

Aucune vexation n'est épargnée pour pousser les malheureux conquis à fuir la terre natale, abandonnant maisons, champs, commerce.

L'enseignement et l'usage de la langue danoise sont défendus. Il est même interdit de chanter des chansons danoises, et le père qui envoie son enfant faire ses études dans le Danemark resté indépendant est privé de ses droits de père de famille. Par suite de complications juridiques trop longues à expliquer, il y a aujourd'hui environ 3.000 habitants des deux provinces conquises qui ne sont ni Allemands ni Danois. Ceux-là sont plus que hors de loi ; ils sont hors l'humanité. Les Allemands ne leur reconnaissent aucun droit. Ils leur interdisent même de se marier, ne leur permettent que le concubinage. Ceux qui enfreignent cette ordonnance sont mis dans l'obligation de quitter ou leur femme ou le pays. En cas de refus, on les condamne à 150 marks d'amende par jour pendant tout le temps qu'ils se trouvent en contravention.

Un de ces malheureux, Mads Egholm, journalier, s'entêtant à ne pas subir cette iniquité, est d'abord incarcéré pendant vingt-huit jours. Sa femme est malade et près d'accoucher ; sa belle-mère se meurt chez lui d'un cancer. Sans ressource, elles n'ont de recours que l'assistance publique. Nulle pitié chez les doux Allemands.

Aussitôt relâché, ou peu après, Mads Egholm reçoit coup sur coup, du jour au lendemain, deux ordres d'expulsion, chacun lui promettant en cas de désobéissance, 300 marks d'amende, ou quatre semaines de prison.

« Je n'ai point le droit de céder », décide le vaillant Schleswigois, et sa femme l'encourage à tenir bon. Le 24 février 1912, malgré les pétitions de ses concitoyens, on l'enferme pour huit semaines dans la maison de force. Le 8 avril, nouvelle incarcération, et il n'est rendu à la liberté que le 9 juillet. Alors la santé précaire de sa femme l'oblige à se dérober à la police et à se réfugier en Danemark. Mais il réintègre son domicile le 20 novembre, et dès le lendemain, un gendarme lui apporte l'ordre de payer dans les vingt-quatre heures une amende de 300 marks pour retour illégal et de débarrasser l'Allemagne de sa présence dans les vingt-quatre heures également, sous peine d'une seconde amende de 300 marks. Quatre jours de suite, même ordre d'expulsion, même menace, soit 1200 marks en tout ou vingt semaines de prison.

Mads Egholm est prêt à souffrir jusqu'au bout, dans l'espoir de lasser enfin ses bourreaux et de contribuer ainsi au triomphe de la justice. Seulement, si sa belle-mère est morte, sa femme et son enfant sont là, — sa femme malade qui, au lieu de le pousser à la résistance comme auparavant, se taît. Toute la famille repasse donc la frontière et le glorieux empire allemand compte une victoire de plus.

La férocité allemande ne va jamais sans beaucoup de bêtise, la célèbre bêtise allemande. C'est elle qui, à côté de tant de drames si douloureux, nous procure tant d'occasions, non de nous réjouir, car tout cela, au fond, est trop triste, mais de nous dérider un peu.

Dans un petit village du Schleswig, un paysan très pauvre, sans famille, n'avait pour compagnon qu'un chien. Un jour, ce paysan s'avisa de peindre en un superbe rouge vermillon la niche où son ami reposait.

Mais la police veille. Un agent ne tarde pas à se présenter à la chaumière :

« Vous ne pouvez pas garder ce chien.

— Pourquoi ?

— Il est blanc ; la niche est rouge ; à eux deux, niche et chien réalisent les couleurs du Schleswig. Changez la couleur de la niche ou changez votre chien. Mais l'un ne p[illegible] rester avec l'autre. »

Qu'on ne s'étonne pas de cette phobie pour le rouge et le blanc. Un hasard singulier fait que, dans tous les pays plus ou moins opprimés par l'Allemand, c'est le rouge et le blanc qui constituent les couleurs nationales. En Pologne, en Bohême, en Danemark, en Luxembourg et enfin en Alsace. Là, lorsque les Alsaciens ajoutent un peu de bleu aux couleurs proscrites, la colère allemande devient de la rage, le fameux « furor teutonicus ».

Pologne.

Mais c'est en Pologne que les Allemands commirent, commettent encore le plus d'atrocités. Dans ce malheureux pays, ils croient pouvoir agir sans aucun ménagement. La Pologne est loin ; personne ne s'occupe d'elle, et puis les menteurs de tous pays ont fait croire qu'il n'y a que les Russes qui persécutent les Polonais. Jamais, particulièrement en France, les internationalistes n'ont dit un mot des abominations allemandes. L'explication se trouve en ceci : le budget des fonds secrets, déjà considérable en Allemagne, fut dernièrement encore augmenté. Frédéric II dit le Grand subventionnait nos « philosophes » du XVIIIe siècle pour chanter ses louanges : Bismarck, trouvant bon le procédé, en usa largement en créant ce qu'on appela le « fonds des reptiles ». Aujourd'hui Guillaume II continue. Ce sont là traditions prussiennes. Lorsque nous aurons enfin abattu la Prusse et qu'on pourra fouiller les archives de la police secrète à Berlin, on y trouvera les preuves de l'infamie de nombre de nos politiciens et journalistes. Pour le moment, comme on n'a pas de certitude, ils peuvent lever la tête et défier les soupçons. Sauf Jaurès pourtant. Il reçut 25.000 francs des Allemands pour sauver son journal l'*Humanité* qui allait faire faillite. Aussi Jaurès et l'*Humanité* ne disent, n'écrivent jamais rien pour défendre les opprimés de l'Allemagne. On peut fouiller la collection du journal et des autres de même espèce : on ne trouvera jamais la moindre protestation contre les abominables traitements et même les véritables tortures prodiguées par les Allemands à leurs conquis.

Les habiles gens de la « Ligue des Droits de l'homme », eux aussi, se gardent bien de s'occuper de ces persécutés-là. Mais tous s'accordent pour traiter d'énergumènes ceux qui se sont donné la mission de dire la vérité et de montrer l'Allemagne telle qu'elle est réellement.

Quant à la malheureuse Pologne, il faudrait des volumes pour raconter son agonie sous la tyrannie allemande. Nous devons nous borner à quelques faits plus particulièrement odieux.

Et d'abord, c'est l'Allemagne de Frédéric le Grand qui trama, imposa, dirigea le démembrement de la Pologne. C'est l'Allemagne qui empêcha toujours la Russie de traiter équitablement les Polonais. Bismarck, que l'on est sûr de trouver partout où il s'agit d'une infamie, se distingua particulièrement dans ce rôle d'ennemi enragé des Polonais.

Aujourd'hui, les Allemands travaillent de toutes leurs forces à la suppression de la partie du peuple polonais qu'ils ont asservi. Ils multiplient les mesures politiques et administratives pour les réduire au désespoir. Des lois furent faites pour leur voler légalement leurs maisons et leurs champs, afin d'y établir des colons allemands.

En Pologne, comme en Danemark, comme partout où dominent les Allemands, le grotesque rivalise avec l'odieux.

Une de ces lois de combat allemandes impose aux Polonais qui veulent bâtir une maison l'obligation d'en demander l'autorisation au gouvernement prussien. Cette autorisation est accordée ou refusée, suivant qu'il entre dans les plans allemands de s'emparer de cette terre par l'expropriation forcée afin d'y établir des colons allemands. Par exemple, un paysan qui a une ferme et des champs lègue à l'un de ses enfants sa ferme, aux autres les champs. Ces derniers doivent demander la permission de construire une habitation sur ces terrains, permission qui peut leur être refusée purement et simplement, sans jugement, sans qu'on ait même besoin de leur donner une raison.

Et voici ce qui est arrivé en 1907 au cultivateur polonais Drzymala, du village de Rakoniewice.

Se voyant refuser l'autorisation de se bâtir une chaumière, il imagine d'acheter une roulotte de nomade, de l'amener sur sa terre et de s'y installer avec sa famille. Grand émoi chez les Allemands. Après mûr examen, ils sont bien obligés de reconnaître que ce n'est pas une maison, puisqu'il y a des roues. Leur loi n'a pas prévu cela. Mais l'hiver arrive, l'hiver si rude en Pologne. Naturellement, Drzymala installe un poêle dans sa roulotte. Alors l'administration allemande fait observer qu'une voiture n'a pas besoin de poêle, que la loi interdit la fondation d'un « foyer », et que le poêle doit être supprimé. Les bandes de tziganes peuvent habiter des voitures chauffées, mais les Polonais ne le peuvent pas, même sur leurs terres. Tant pis si parents et enfants gèlent dans leur roulotte ; la bonté germanique ne s'émeut pas pour si peu.

Pas plus, d'ailleurs, que la bonté de M. Jaurès, de l'*Humanité*, de tous les journaux de cette espèce qui n'ont pas écrit une ligne sur cette malheureuse famille et l'abominable loi qui la martyrise. La « Ligue des Droits de l'homme » ne s'en est pas occupée davantage.

On ne peut se figurer tout ce que la cruauté allemande invente de persécutions pour anéantir la nation polonaise. Les plus grands efforts sont faits pour supprimer la langue nationale ; on interdit toute réunion publique où les discours sont tenus en polonais ; on interdit les chants polonais. L'enseignement dans les écoles n'est permis qu'en allemand. L'étude de l'histoire polonaise n'est pas autorisée. L'instruction religieuse qui avait été tolérée dans la langue nationale est imposée en allemand depuis septembre 1900.

Mais les enfants, soutenus par leurs parents, refusent de prier dans une langue qu'ils comprennent mal, ce qui fournit aux Allemands une nouvelle occasion de montrer leur énergie. Les filles et les garçons qui persistent à prier en polonais sont roués de coups par les brutes envoyées d'Allemagne comme maîtres d'école. Dans la petite ville de Wreznia en 1901, pendant une visite de l'inspecteur primaire, les maîtres battent des filles et des garçons de douze à quinze ans qui refusent de réciter le catéchisme en allemand. Les cris de ces malheureux ameutent le quartier. Des parents, des voisins pénètrent dans l'école et, sans frapper les pédagogues, leur reprochent leur barbarie. Le 14 novembre suivant, après plusieurs mois de prison préventive, vingt-cinq personnes, dont sept femmes, sont jugées pour injures et troubles publics. L'une de ces dernières, mère de cinq enfants, est condamnée à deux ans et demi de prison. Très malade, elle meurt avant d'avoir achevé sa peine. Vingt-deux des autres accusés se partagent quatorze ans et trois mois de prison.

La lutte continue sourdement, et tout à coup, en 1906, un soulèvement général se produit. Dans toute la Pologne allemande, des écoliers, filles et garçons, se mettent en grève, c'est-à-dire refusent de prier en allemand. Plus de 120.000 enfants résistent aux pires traitements. On en connaît cinq morts à la suite des coups dont ils sont meurtris.

Les parents de ces petits insurgés sont poursuivis, punis d'amendes, de prison. On applique à un grand nombre d'entre eux la loi qui prive de leurs droits paternels les parents indignes. Des filles, des garçons sont enfermés dans des maisons de correction avec les petits vauriens et les malfaiteurs. Au bout de huit mois, la résistance est vaincue ; la grève cesse. L'Allemagne est encore triomphante. L'ordre allemand est rétabli. L'Europe laisse faire, et nos vertueux apôtres de la radicaille socialiste continuent à cacher soigneusement les infamies de leurs patrons d'outre-Rhin, et à célébrer la vertu, la bonté, la justice du frère allemand.

La Bohême.

En Bohême, la situation est moins triste, car la sauvagerie allemande trouve là une race énergique qui lui tient tête. Cette résistance du peuple tchèque est un des exemples les plus magnifiques, les plus encourageants de ce que peut faire un peuple qui ne veut pas mourir.

Cette nation, à la suite de la guerre de Trente ans, au XVIIe siècle, avait été tellement massacrée par les Allemands que, sur trois millions d'habitants, il n'en restait plus que 780.000 malheureux, trop pauvres pour s'expatrier, attachés à la glèbe et réduits en servage. Suivant l'usage germanique, des colons allemands vinrent s'établir à la place des massacrés ; la langue nationale fut proscrite ; les écoles, les églises furent fermées ; les livres tchèques furent brûlés par la main du bourreau ; défense faite de les réimprimer ou d'en imprimer d'autres. A la fin du XVIIIe siècle, la Bohême semblait morte en tant que nation, et sa langue paraissait supprimée à tout jamais. On ne la parlait plus qu'au fond des campagnes, comme un patois méprisé.

C'est seulement au commencement du XIXe siècle qu'un petit nombre de patriotes, animés de la foi qui soulève les montagnes, entreprirent de ressusciter leur patrie. Ils sont restés dans le souvenir du peuple sous le nom de « réveilleurs de la nation ». Et de fait, ils réussirent si bien qu'aujourd'hui la nationalité tchèque a reconquis la plus grande partie du pays sur les Allemands qui ne sont plus en majorité qu'aux frontières, dans les contrées qui touchent à l'Allemagne.

Il y a maintenant une littérature, un théâtre, un art tchèques, et bientôt, on peut l'espérer, le peuple bohême aura reconquis sa complète indépendance, sera maître chez lui.

Cette lutte inlassable, enfin victorieuse, explique la rage qui saisit les Allemands chaque fois qu'ils parlent de ce vaillant petit peuple. C'est l'un de ceux contre lesquels ils concentrent leurs plus grands efforts ; c'est celui qui sera le plus implacablement traité si, dans la prochaine guerre, les Allemands sont encore vainqueurs. Ajoutons que la nation tchèque donna, et cela depuis des siècles, des preuves palpables d'un véritable amour pour la France.

D'autres peuples encore ont à souffrir de l'arrogance, de l'ambition des Allemands : Belges, Luxembourgeois, Suisses, Russes des provinces baltiques, Italiens du Trentin commencent à trouver insupportable et dangereux leur envahissement, pacifique aujourd'hui, violent demain.

Nous pourrions parler aussi de nos compatriotes d'Alsace-Lorraine... Mais c'est assez pour cette fois. Nous en avons assez dit, croyons-nous, pour que les Français honnêtes et patriotes comprennent combien on les trompe quand on leur parle du « bon frère allemand ». Il faut qu'on sache bien que les Allemands, tous les Allemands marcheront ensemble et avec enthousiasme quand ils nous croiront assez affaiblis par nos divisions pour être incapables de leur résister victorieusement. Les Allemands, tous les Allemands sont persuadés qu'ils sont « un peuple de maîtres », fait pour commander à tous les autres. Nous sommes la première proie qu'ils convoitent, parce que notre sol est riche et que, depuis qu'ils existent, ils ont toujours rêvé de s'en emparer.

On a vu comment ils traitent leurs conquis. S'il y a des lâches qui aiment mieux vivre dans le servage que de s'exposer aux dangers de la lutte pour l'indépendance, qu'ils aillent grossir le groupe des sans-patrie et des pacifistes.

Le moment est venu où chacun doit s'interroger et prendre un parti.

L'Allemagne a besoin de la guerre pour atteindre son but de domination mondiale. Elle est obligée de la faire. Toute la question pour nous est de savoir quand elle se décidera à risquer cette partie formidable (2).

NOTES

(1) L'Allemagne a déjà perdu plusieurs des masques qui nous l'avaient fait prendre pour une si honnête personne. L'un de ceux auxquels sa vieille tartuferie tenait le plus, le masque religieux, commence à ne plus lui tenir au visage. Dès le lendemain de la guerre, des synodes de pasteurs avaient jeté d'officiels et véhéments cris d'alarme. Le mal depuis n'a fait qu'empirer.

Du livre si intéressant et si documenté de M. Georges Blondel : « *Les Embarras de l'Allemagne* », nous extrayons les très suggestifs passages suivants :

« Il convient d'abord de remarquer que, dans les régions protestantes surtout, l'indifférence religieuse est si grande qu'elle confine à l'incrédulité.

» Les progrès de l'incrédulité se traduisent fréquemment par des manifestations d'hostilité à l'égard du catholicisme qui, ayant une doctrine très précise, s'accommode moins aisément que le protestantisme d'une sorte de religiosité vague que trouvent très commode ceux qui se dispensent de toute participation effective à un culte.

» J'ai pu constater plus d'une fois, dans les faubourgs des grandes villes, qu'il y a un certain nombre de familles qui n'ont du christianisme à peu près aucune idée. On a pu dire avec raison qu'il y a en Prusse un sous-sol athée.

» La désertion des temples protestants dans certaines régions du Nord de l'Allemagne est significative. « Je ne pense pas, me disait un pasteur, qu'il y ait plus d'un dixième de la population ouvrière (il s'agissait de régions protestantes de Saxe) qui fasse dans sa vie une place appréciable à la religion ». La religion n'est plus, dans certaines régions, qu'une simple « rubrique » pour le recensement. Dans les faubourgs de la plupart des grandes villes, la majorité des enfants n'est pas baptisée.

» C'est surtout dans les régions protestantes de l'Allemagne du Nord qu'on m'a dépeint la situation sous de sombres couleurs. Plusieurs pasteurs protestants m'ont parlé avec tristesse de l'état moral des populations rurales au milieu desquelles ils vivent, en m'avouant que leurs prédications étaient absolument inefficaces. »

(2) Nos internationalistes ont imaginé de pousser nos écoliers à aller vivre dans des familles allemandes, ou tout au moins à nouer des rapports épistolaires avec des écoliers allemands. Dans leur aveugle

germanophilie, ils sont persuadés que les Allemands ne sont haïs que parce qu'ils ne sont pas connus. Sans l'antipathie instinctive qui empêche les apôtres de la fraternité des peuples de s'intéresser aux choses d'Alsace-Lorraine, ils auraient sans doute depuis longtemps perdu cette illusion. Les nouvelles générations de nos deux provinces conquises sont devenues plus irréconciliables que leurs aînées, précisément parce que, ayant été élevées à l'école allemande, et dressées au régiment allemand, elles ont pu voir ce qu'est réellement ce peuple si vanté.

Il en est de même pour tous les conquis de l'Allemagne : Polonais, Danois ou Tchèques.

De jeunes Français ont donc entretenu un commerce de lettres avec de jeunes Allemands, et nous pouvons donner une missive d'un de ces derniers. Nos lecteurs jugeront si elle est de nature à faire naître ces amitiés et ces admirations sur lesquelles comptent tant nos humanitaristes. Cette lettre a été écrite en français.

Mannheim, 6. 3. 09.

« Mon cher Monsieur,

» Je comprends votre silence ; il n'y a rien à pardonner. Le travail avant tout. Moi aussi, j'ai eu beaucoup à apprendre. Maintenant, j'ai des vacances jusqu'au 11 avril. J'en profite pour vous écrire.

» Nous différons dans nos opinions politiques. Vous aimez les Slaves, et moi, je les hais de tout mon cœur. C'est un *devoir pour chaque vrai Allemand*. En outre, l'animosité entre les Allemands et les Slaves est très vieille, elle date d'Othon Ier. Et cette haine est toute naturelle. Nous avons repoussé les Slaves. Eux, ils ont formé le panslavisme ; nous autres Allemands le pangermanisme. Mais entendez bien, ce que je vais écrire du pangermanisme est mon opinion, et peut-être pas officielle. Notre population s'augmente de jour en jour ; la terre ne suffit pas pour nous nourrir, et y a-t-il quelque chose de plus naturel que de resserrer les nations peu nombreuses ou incapables de s'augmenter. La France est trop grande pour sa population. Allons, resserrons ! autant qu'il est possible. C'est l'ouest. L'expansion vers l'est est beaucoup plus facile, ces pays ne sont pas si peuplés que ceux de l'ouest. Notre expansion se dirige donc vers l'est, vers les Tchèques, les Slaves vos amis. Seulement ces directions sont possibles : la Suisse est trop infertile. Au nord, il n'y a rien que la mer, car je ne compte pas les Pays-Bas ou la Belgique ou le Danemark qui ne peuvent pas se tenir à l'avenir. Voilà, à mon avis, les principes du pangermanisme.

» Vous ne m'en voulez pas à cause de ces sentiments pour la France. C'est seulement l'amour pour ma patrie, pour mon peuple qui me fait parler comme ça. D'abord moi, alors les autres, cela doit être la maxime de tous les politiciens qui aiment leur nation.

» En outre, mon cher Monsieur, vous vous trouvez dans une grande erreur si vous vous croyez cosmopolite. Non, ce n'est pas possible. Interrogez sérieusement vos sentiments et vous trouverez que vous êtes un Français qui aime sa patrie, qui ne veut pas la laisser aux autres, qui croit que la France marche à la tête du monde, à la tête de la civilisation. Et vous avez raison si vous faites cela. J'aime mieux les patriotes que les cosmopolites qui, *je ne le dis pas pour vous*, sont généralement des lâches qui ne veulent pas se battre pour leur pays natal. Lisez *Guillaume Tell* de Schiller et suivez-le !

» Mon cher Monsieur, vous méconnaissez un peu notre race, nous ne sommes que des chauvins à votre avis ? Non, ce n'est pas vrai. Nous rendons hommage à tous ceux des étrangers qui le méritent. Voyez notre littérature. Schiller a fait de *Jeanne d'Arc* la héroïne que la France avait oubliée.

» Venons maintenant à ce que vous croyez que j'ai dit de la Bourgogne. Je ne me rappelle pas et je ne crois pas que j'aie dit ce que vous m'avez écrit. Si je l'ai dit, ce n'était que par pure plaisanterie. En outre, ce ne serait pas si insensé, pas si chauvin. Voilà l'histoire :

» Le roi Rudolf III de Bourgogne avait promis parce qu'il n'avait pas d'enfant, son pays à l'empereur allemand Conrad II qui l'occupa après la mort de Rodolphe. De ce royaume bourguignon se sépara le duché de Bourgogne et la Franche-Comté qui furent réunis par les ducs de Bourgogne. Après la mort de Charles le Téméraire, la France occupa le duché, et l'empereur allemand Maximilien la Franche-Comté et les Pays-Bas comme beau-fils (gendre) de Charles. Bien entendu, la France n'avait aucun droit à l'occupation. Pour le regagner, Charles-Quint faisait la guerre à François Ier qui, dans la paix de Madrid, promit de céder le duché. Mais François Ier rompit la paix et dans la deuxième guerre, il obtint le duché par la paix de Cambrai.

» Il me semble que nous autres Allemands aient plus de droits sur la Bourgogne que la France.

» Vous m'avez prié de vous procurer une place dans une famille allemande ; j'ai prélu votre lettre à mon père qui a eu la bonté de parler à plusieurs messieurs de sa connaissance. Quelques-uns avaient désiré que vous vinssiez déjà au mois d'avril jusqu'à l'août. Les autres vont en vacances. Il est très difficile, vous le voyez, d'obtenir une telle place, et je ferai tout ce que je peux. Jusqu'ici nous n'avons rien trouvé, mais je vous avertirai quand j'ai trouvé quelque chose.

» Comptez à jamais, mon cher Monsieur, sur ma fidèle amitié. »

TABLE DES MATIÈRES

MELLOTTÉE. — Paris-Châteauroux.

OU VA L'ALLEMAGNE

Par HENRY-GASTON

❦ ❦ ❦

Ce livre vient à son heure. Tous les Français qui, courageusement regardent l'orage s'avancer, voudront lire cet ouvrage qui apporte un élément de plus à la merveilleuse renaissance du patriotisme en France.

Pour comprendre tout le problème européen, il suffit de se demander : « Où va l'Allemagne ? »

M. Henry-Gaston, l'économiste très distingué, montre avec une impeccable logique les liens qui unissent la question allemande avec toutes les autres questions actuellement pendantes.

Il étudie successivement l'évolution de l'Allemagne, le rôle prépondérant des banques allemandes et l'invasion économique allemande dans le monde. Il prévoit la crise prochaine et ses terribles conséquences. Il discute la possibilité d'une révolution en Allemagne.

Dans un dernier chapitre intitulé *La fin de l'Allemagne,* l'auteur fait un remarquable exposé des fameuses prophéties qui annoncent la fin de l'empire pour une date très rapprochée.

Un volume in-8° carré. **Prix : 2 fr. 50.**

ENVOI FRANCO SITOT RÉCEPTION DU MANDAT

Il n'est pas fait d'envois contre remboursement.

ÉDITIONS et LIBRAIRIE • 40, rue de Seine • Paris

VIENT DE PARAITRE

52e ÉDITION

TRADUIT DE L'ALLEMAND

LE PARTAGE DE LA FRANCE

CE QU'ON VERRA UN JOUR

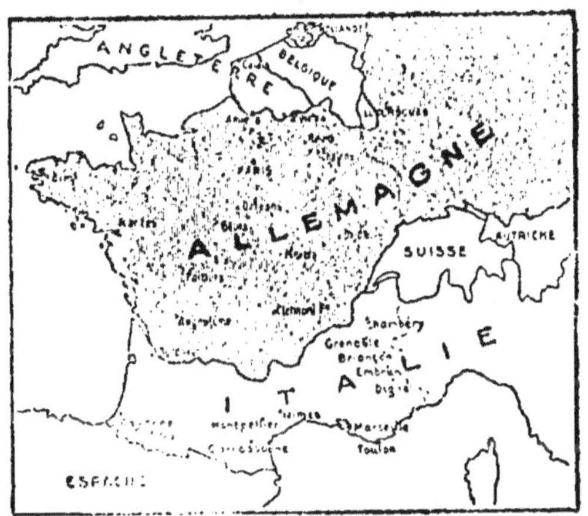

A tous les Français, pour qu'ils se pénètrent de la gravité de l'heure présente, est dédiée cette traduction où s'étale, sans pudeur, le rêve du pangermanisme qui nous guette.

F. F. F.

Un volume in-12 — PRIX : **1 fr. 50**

(Envoi franco contre 1 fr. 65 adressé aux Éditeurs)

" ÉDITIONS et LIBRAIRIE ", 40, Rue de Seine, PARIS

www.ingramcontent.com/pod-product-compliance
Lightning Source LLC
LaVergne TN
LVHW020335230826
846091LV00003B/889

* 9 7 8 2 0 1 3 3 8 0 0 2 7 *